江戸幕府崩壊

孝明天皇と「一会桑」

家近良樹

講談社学術文庫

目次

江戸幕府崩壊

江戸幕府崩壊

孝明天皇と「一会桑」

はじめに

本書は、書名から容易に想像されるように、江戸時代の最終段階である幕末期の中央政局について、私の現在の考えを記そうとするものである。もっとも、私の考えは、ごく普通の日本人がおそらく有しているであろう常識的な見方とは、かなり異なる内容となるかと思う。

のっけから個人的なことを記すが、私は、ひと昔前まで、中学校や高等学校で教壇に立っていた。その時、何度か、授業で幕末期を取りあげたことがあるが、かぎられた時間内で、生徒諸君に、この時期のことを教えるのはまことに難しいと感じた。

これは、いうまでもなく、私にそれだけの学力と教授力がそなわっていなかったことに大きくよっている。が、原因はどうもそれだけではない。

幕末期というのは、とにかく、非常に短い歳月の間に、じつにさまざまな出来事が起こる。しかもそれは複雑な様相を呈する。また、現代の我々にとって、そう旧い時代ではないので、史料も多く残っている。そのため、皮肉なことに、勉強すればするほど、深く知れば知るほど、どうしても膨大な史実に振り回されがちとなる。だから、単純化しにくいうえに、授業時間はかぎられているので、解りやすく生徒に教えるのが難しいということになるのだと思う。

もっとも、その反面、幕末期というのは、魅力的な人物が涌くように輩出した躍動感あふれる時代ということもあって、日本史上でももっとも人気のある時代のひとつではある。そうしたこともあってか、私にも学生諸君を中心に、結構いろいろな人が話しかけてくれる。

ところが、そういう人たちと話をしてみて、不思議に思うのは、自分が関心のある対象については驚くほど詳しいが、幕末期全体にまたがる知識は、それほど持ち合わせてはいないか、もしくは皆無に近いということである。幕末期全般にわたって正確な知識を有している人は、それほどいないのではなかろうか。

これは、やはりあまりにも多くの出来事が短期間に集中して起こったことに起因していると考えざるをえない。もちろん、幕末史といえども、種々雑多な事件・出来事はたがいに関連しあっているので、ひとつひとつ丹念に読み解いていけば、全体の構成は割合よく理解できるはずである。

しかし、なにしろ、ちょっと見には釣り糸が複雑にからまっている状況に等しいものだから、私らのようにそれで飯を食っている者か、趣味人でもなければ、つきあいきれない。

そして、さらにやっかいなのが、これを単純化するという作業である。膨大で複雑な政治過程を、それ相当の紙数を費やして説明することは、ある程度可能であろう。ところが、これを単純化して簡単に説明するのが難しい。単純化するということは、複雑で膨大な史実のなかから、ほんの少しの史実だけを取り出し、それを繋ぎ合わせて、その歴史的意味を考えるということである。当然、いろんなものをそぎ落としたり、場合によっては抹消したりしなければならない。そのなかには、落とすにしのびないものも多々ある。

しかし、ある程度、単純化しなければとうてい理解できるものではない。とくに幕末の政治過程においてはそうである。

本書は、こうした幕末期の複雑な政治過程を、思い切って単純化して、通説的な考えとは違う自分の考えを読者諸氏に伝えようとするものである。幕末の政治過程は、つまるところ、江戸幕府による支配体制が打ち壊される過程なので、本書のテーマはこの点にかかわるものとなる。

第一章　幕末政治史の常識について

西南雄藩討幕派史観とは何か

最初は、まず幕末期に関して誰もが持っているであろうイメージから書きはじめることにしたい。多くの人が持っている常識では、この時期は薩長を中心とする西南雄藩が武力でもって、つまり藩の軍事力を行使して江戸幕府を倒した過程であるということになるかと思う。このような考え方は、一般的には西南雄藩討幕派史観といわれる。もう少し詳しく書くと、次のような考え方である。

一六〇〇年の関ケ原の戦い以来、薩摩藩や長州藩は幕府に対して反感を抱いていた。そうした中、十八世紀半ば以降、次第に危機的状況が起こってくる。そして幕末期、なかでも天保期（一八三〇～四四）を迎えるころになると、日本社会が経済面でも政治面でも一段とやっていけなくなる時代が来る。幕府・諸藩の双方とも、深刻な財政危機に直面し、それを打開するために年貢の増徴による収入増を図ったものの、農民の抵抗にあって、それも不可能となる。また、大塩平八郎《おおしおへいはちろう》の乱（一八三七年）のような幕府の支配に対する公然たる批判も生まれる。

そこで幕府は、老中水野忠邦《みずのただくに》の指導のもと、いわゆる天保改革をおこなうが失敗して倒壊への一途をたどった。それに対して、西南雄藩、とりわけ薩長両藩は、天保期の改革に成功することで、幕府から自立していく最初の取っ掛かりができた。まずこういったイメージがある。

ついで、アメリカからペリー一行がやって来て、日本に開国を強引に求めたことで、非常な混乱期に日本は入っていく。そして、結局、幕府は、あくまでも自己の権力を守ろうとして人心の離反を招き、薩長両藩の前に倒された。まあこういった考え方が国民共通の歴史認識としてあるかと思う。

そして、こういった考え方が社会的に認知されるに至った一番の要因としては、次章でもふれるが、明治期以降、現在までのわが国の歴史教育（それは、もちろん国家が指導してきたものである）の存在があげられる。

現在高等学校で使われている日本史の教科書をみると、どの教科書にも大体同じようなことが書かれている。なにしろ、検定制度があるので、同じ内容にならざるをえない。

それには、こう書いてある。幕府は天保改革に失敗し、それが権力の衰退につながった。他方、この天保期に、主として西日本諸藩の中から雄藩が台頭し、以後雄藩が幕末の政局に強い発言力を持つに至った。

では、それはどうして可能になったのかと言えば、要するに、これら諸藩は財政再建と軍制改革に成功し、そのことで幕末の政局に指導的役割をはたす基礎がつくりあげられたんだというわけである。

雄藩のなかでも、特に大きく、かつもっとも多くの教科書に取り上げられているのは薩長両藩の天保改革である。薩摩藩に関しては調所広郷《ずしょひろさと》が財政再建に成功したことが、長州藩に関しては村田清風《むらたせいふう》が財政の再建にあたったことが、それぞれ特筆されている。

そこで、気になったので、念のため、両人のことがどれくらい教科書に載っているか調べてみた。こういう時、便利な本がある。『日本史Ⓑ用語集』（山川出版社）というハンディな本である。これには、日本史にかかわる人物や用語の、教科書に載っている頻度が記されている（ただし、二〇〇一年発刊のものである）。

すると、現行の高校日本史Bは全部で十九種、同じくAは四種あるなか（Bというのは古代から現代までを満遍なく、Aは近現代史を重視して記述されている教科書）、調所広郷は十八種と四種、村田清風は十八種と三種の教科書に、それぞれ記載されていることが判った。

ということは、高等学校で日本史を選択した生徒は、まともに勉強しておれば、天保期に調所と村田両人の指導のもとに改革がおこなわれ、その結果、薩長両藩が雄藩として台頭し、やがて武力倒幕運動の主役にのしあがっていったという知識を、ほぼ確実にインプットされるわけである。

なお、ついでに記すと、天保期に藩政改革をおこなった藩として、薩長両藩以外にどういう藩が教科書に取り上げられているかといえば、肥前（佐賀）・土佐（高知）・水戸・越前（福井）・宇和島藩あたりである。

さすがに薩長土肥は強い。これは、維新後、権力を掌握した藩閥藩（薩長土肥）が、何時の時点で、雄藩として台頭してこれたのかという問題意識が、教科書執筆者の間に強くあることが反映されていよう。

水戸藩に対する評価の移り変わり

また、戦前と戦後の歴史教育で、そのウェイトが極端に異なるのが水戸藩である。たとえば、『維新史』という戦前に出されたかなり大部（本文編五冊、附録一冊）の書物がある（この書物に関しては次章でも取り上げる）。

じつは、この書物に記されていることを、我々はいまでも大枠で受け継いでいる。以上のような教科書の評価も、基本的には『維新史』の評価とそう異なってはいない。

ところが、こと水戸藩にかぎってはそうではない。『維新史』では、「薩摩・長州・水戸三藩の藩政改革も亦大いに注目すべきで、これやがて幕末維新の風雲期に際会して活躍するに至つた所以である」（第一巻、三八〇頁）と、薩長両藩と並んで水戸藩の藩政改革を特筆している。

これは、戦前にあっては、維新の最大の意義が王政復古の実現にあり、その王政復古を達成するうえで、徳川光圀《とくがわみつくに》以来の尊王論の系譜をひく水戸藩の存在が大きくかかわったと考えられたからである。ところが、さすがに、戦後はそういったことはなく、その分、水戸藩に割かれるページ数が激減したというわけである。

寄り道が長くなった。ここで再び本道に戻る。先程、冒頭部分で、関ケ原の戦い以来、薩長両藩が反幕意識を持ち続け、それが最終的に討幕につながるといったイメージを、多くの人々がもっているのではないかと書いた。

この点に関して、さらにもう少し突っ込むと、では薩摩藩や長州藩が藩の軍事力を行使して幕府を倒そうと決断したのは何時の時点か、という問題がでてくる。この問題については、長らく、慶応二年（一八六六）一月に結ばれたとされる薩長同盟を特別視する見方が有力であった。

つまり、薩長両藩は、慶応二年の一月に土佐藩の坂本龍馬《さかもとりょうま》の斡旋で、武力倒幕をめざす攻守同盟をむすび、以後武力倒幕を目的とした運動を一貫して推進していった、それが最終的には、慶応三年十二月九日の王政復古クーデタにつながったと理解してきた。そして、王政復古クーデタが何故実行されねばならなかったかというと、それは慶応三年の十月十四日に徳川慶喜《とくがわよしのぶ》によって行われた大政奉還が大いに関係しているとみた。

大政奉還を朝廷が受け入れたことで、幕府が支配の頂点に立つのではない、新しい体制が樹立されることがはっきりとしてくる。その時点で慶喜を新政府の重要なポストにつけようという動きが出てくる。その動きを武力倒幕派が阻止するためにクーデタをやったと考えた。また、クーデタでイチかバチか武力でもって幕府を倒そうとしたとも見なした。

要するに慶応二年一月の薩長同盟から、薩長両藩は武力倒幕をめざす運動をずっと展開し、翌慶応三年十二月の王政復古クーデタ、ついで慶応四年一月に勃発した鳥羽伏見戦争によって最終的に幕府を倒したのだと、こういう考え方が有力であった。有力であったと過去形にしたのは、学界では近年必ずしもそうではなくなったからである。が、圧倒的に多くの人は、やはり今でもこのように理解していることと思う。さて、こうした通説的な考え方に立てば、薩長両藩を中心とした戦いが高く評価され、それに対して倒された幕府側の評価が低くなるのは当然のことである。いささか乱暴だが、明治以後、我々が持っていたイメージは、薩長両藩が英雄的な戦いを幕府に対して挑み、幕府を倒した過程が幕末の政治過程なんだといったものではなかったかと思う。

そして、こういうイメージが、学校教育を通して、あるいは小説とか映画・ラジオなどを通して、国民の間に広く浸透し、国民共通の歴史認識となっていったのが実情ではなかっただろうか。

私がこれから本書で読者諸氏に問おうとするのは、こうした歴史認識が、はたして真実を伝えるものであったかどうかということである。そして、最終的には、若干の検討を通して、幕末の政治史は、決して武力倒幕の過程といえるものではなかったということを結論づけたいと考えている。

第二章　幕末維新史研究の過去と現在

前章では、幕末期の政治状況に関して、多くの人々が抱いているであろうイメージについて、簡単にふれた。もちろん、国民共通の歴史認識が生まれるに至ったのには、それなりの理由がある。本章では、この点について、やはりごく簡単に説明したいと思う。

勝者中心の研究

よく知られているように、幕末史研究は、勝者となった西南雄藩を主たる対象に長年なされてきた。そこでは、西南雄藩が藩政改革の実施によって幕府に対する自立性を強めていくと同時に、変革をリードしていく政治勢力を生み出していった経緯が分析の対象となった。すなわち、藩政改革派から尊王攘夷派、武力倒幕派をへて、維新官僚に至る変革の政治的主体が、いかにして形成されていったのかが研究の対象とされてきた。そして武力倒幕派が倒幕を達成し、維新官僚が近代天皇制を創出していった経緯が裏付けられていった。

反面、幕府側の動向は無視もしくは軽視された。幕府の採った政策に対する評価は低く、幕府側の人物が取り上げられることがあったとしても、それは西郷隆盛《さいごうたかもり》や坂本龍馬らと懇意であった、勝海舟《かつかいしゅう》や大久保《おおくぼ》一翁《いちおう》らごく一部の有名幕臣にとどまった。そして、勝らが幕府専制支配の限界を悟って、雄藩との提携の途（具体的には雄藩との連合政権構想）を模索したことが高く評価された。また、西南雄藩の改革と対比させて、幕府の改革が失敗におわった（挫折した）面が強調されたことは、前章で説明したとおりである。

では、何故こういうことになったのか。これには、明治以降、政府によって推し進められた、幕末維新期に対する歴史評価の確定作業が大いに関係している。

この幕末維新期の歴史的評価を確定しようという動きは、早くも戊辰戦争の終結直後から始まる。政府は、明治初年の早い段階で、王政復古（戊辰戦争）の意義を確定しようとした。そして、これが『復古記』という大部の書物（全十五冊。一八八九年完成）として結実する。

その後、明治の終わりに、文部省維新史料編纂事務局なるものが作られ、ここを窓口とする史料蒐集作業が積極的に推進される。そして、こうして集められた史料にもとづいて、最終的に官製維新史の集大成である『維新史』が、一九三九年から一九四一年にかけて刊行される。

また、この間、薩長等のいわゆる藩閥諸藩につながる政治家や歴史家の手になる著作が、あいついで発表された。その代表が、勝田《かつだ》孫弥《まごや》の『西郷隆盛伝』や『大久保利通伝』であり、末松《すえまつ》謙澄《けんちょう》の『防長回天史』等々であった。

これら官（国）が定めた幕末維新史の基調は、史料の蒐集と書物の編纂が勝者（藩閥）側を中心にしておこなわれたため、当然のことながら、旧体制を打倒するに至った必然性と、新政府成立の正当性を論証するものとなった。すなわち、西南雄藩（とくに薩長両藩）が藩軍事力を動員して幕府を打倒することに成功し、そのあと近代天皇制の確立に多大な貢献をなしたことが強調された。あわせて、勤王の志士の功績が顕彰された。

歴史評価が常に勝者側に有利なように定められる運命にある以上、薩長両藩の武力倒幕派が対幕戦争に勝利をおさめて王政を回復し、近代天皇制を確立するに至った過程が、豊富な史料（ただし偏りがちな）を使って、正当化されたのである。

王政復古史観への抵抗

もっとも、この間、こうした考え方（これは王政復古史観とも天皇制維新史観ともいわれる）に抵抗する動きが無かったわけではない。旧幕臣や朝敵諸藩関係者による、旧幕府を擁護する幕末維新観も、一八九〇年前後からあいついで現れてくる。『開国始末』『幕府衰亡論』『七年史』『京都守護職始末』『幕末政治家』などといった一連の書物がそれにあたる。

ところが、これらの書物は、一部の例外を除いて、いずれも王政復古史観（西南雄藩討幕派史観）の枠外にでることができなかったといわざるをえない。なぜなら、勤王（孝明天皇《こうめいてんのう》の意思に忠順）であった点では、幕府も朝敵諸藩も同様であったとする立場から、明治国家によって排外（朝敵視）されたことを強く非難し、朝敵の烙印を押された諸藩や旧幕府の復権を図ろうとするにとどまったからである。

もちろん、これには、鳥羽伏見戦争やその後の戊辰戦争などによって、旧幕府側や朝敵諸藩側の史料が焼失したり、散逸したことが無関係ではなかった。あるいは、天皇制政府の成立によって、旧幕府側および朝敵諸藩側が、公然と史料の蒐集・整理に着手できなかったことが、いっそう史料を失わせ、自らの立場を正当化しえない要因となったことも見逃せない。

いずれにせよ、こうした事情が、第二次世界大戦終了時まで、王政復古史観を、圧倒的に優位な立場に立たせることになったのは疑いない。そして、小中学校の教育現場を通して、若年層へ王政復古史観が国家権力の指導のもと一切の批判を許さないかたちで強制されたことも、その浸透にむろん大きくあずかった。

　また、大正・昭和期の大衆文化（大衆小説や映像文化）の登場が、薩長両藩等の行動を英雄視し、かつ正当化する西南雄藩討幕派史観の拡大再生産を推し進めたことも大きかったといわねばならない。

マルクス主義史観との関係

　第二次世界大戦後、王政復古史観に代わって、学界の主流に躍り出たマルクス主義史観においても、分析の対象が反幕勢力におかれた点では変わりがなかった。依然として、西南雄藩（なかでも長州藩）中心に幕末維新期が分析され、幕府や西南雄藩以外の諸藩は軽視ないしは無視された。ただ、王政復古史観とは、近代天皇制を拒否する点が大きく違っていた。

　たまたま、長州藩に関する膨大な史料が残されていたこともあって、同藩の改革を推進した政治勢力の階級基盤や政治・経済綱領といったものが分析され、同藩等での改革が維新政府の政策といかに結びついたかが問題とされ続けてきたのである。

　いささかしつこくなるが、戦後の学界をリードした研究者の見解を要約すると、おおよそ次のような認識が共有されてきたといってよいのではなかろうか。

幕府と西南雄藩の運命を大きく分けたのは、幕末期に実施した改革の成否であった。長州藩等は、内部に対立をはらみながらも、天保期以降の改革に成功をおさめ、「絶対主義（君主専制）への傾斜」を深めた。他方、幕府は改革に失敗し、絶対主義への転化の動きにおいて立ち遅れた。そして、天保期以降の藩政改革の実施によって、幕府に対する自立性を強めた長州藩等の西南雄藩は、やがて武力倒幕に立ちあがり、ついで、武力倒幕派もしくは彼らから脱皮成長した政治勢力（維新官僚）が、天皇を中心とする国家（近代天皇制）を樹立した。

こうした図式にのっとる以上、戦後も長らくの間、研究者の関心が、依然として倒幕を達成した側の政治的主体に対して集中して向けられ、薩長等の武力倒幕派や維新官僚の分析が急がれることになったのは、自然なことであったといえる。

また、西南雄藩への関心が戦後も継続したいま一つの理由としては、マルクス主義史学が提示した歴史の発展法則もかかわりをもったといえるかもしれない。すなわち、人類の歴史は無限に進歩してゆく発展の過程だととらえ、そのため常に権力を掌握し時代をリードする側にスポットをあてるマルクス主義史学本来の発想では、明治維新における敗者である幕府側や朝敵諸藩、あるいは中立的な立場を保った諸藩への関心は生まれにくく、勝者である西南雄藩、およびそれを母体とする維新官僚に関心が集中するのはどうしても避けがたかったからである。

一九六〇年代の研究状況

こうした研究動向に、ようやく変化の兆しが見られ始めるのは、一九六〇年代ごろからであった。一九六〇年代に入ると、新たな歴史分野を開拓しようとする動きがでてくる。たとえば、そうした動きの一つとして、西欧諸国の歴史過程を先進的なものととらえ、日本のそれを後進的とみなしてきた明治以来の伝統的な歴史対比の枠組みに対する疑問の声があがりだす。

明治以後の日本人は、とにかく欧米諸国に対するコンプレックスが強かった。そのため、欧米先進諸国の近代と比較して、日本の近代がいかに「いびつ」で「遅れて」いるか、封建的な要素を多く残しているかといったことを、これでもかこれでもかと強調してきた。その代表的な事例としては、長年フランス革命と明治維新を対比させて、前者が進歩的であったのに対して、後者がそうではなかったことを論じてきたことがあげられる。

じつは、近年に至るフランス革命にかかわる実証的な研究では、フランス革命によってそれほど自由で平等な社会が実現できたわけではなかったことが明らかにされている。しかし、哀しいかな、我々の先人は、欧米先進諸国を観念的に理想化してとらえていたから、そんなところにはとうてい目がいかなかった。いわば自虐史観そのものであったのである。

ところが、一九六〇年代に入ると、ひとつは高度経済成長で日本人も余裕ができてきたのであろう。冷静に彼我の歴史過程を見つめるようになった。それが、一九六〇年ごろからフランス革命と明治維新を対比させて、明治維新の保守的性格を強調するといった発想はおかしいのではないかとの疑問の声となって現れてくる。また、近代日本における思想形成の問題を、西欧近代思想の受容の過程とのみ結びつけて理解してきた、旧来の認識のあり方に対する痛烈な批判となって出てくる。そして、著名な思想家ではない、土着の名もなき民衆の立場に視点をすえた思想史研究などが飛躍的な発展をとげることになった。

そして、このような動きの背後には、一九五〇年代半ば以降のマルクス主義陣営の内部分裂にともなう多様な視点の誕生があったとの指摘もある。すなわち、一九五五年の日本共産党第六回全国協議会での極左冒険主義への批判、および翌年におこなわれたフルシチョフによるスターリン批判に端を発する、マルクス主義陣営内の一連の騒動が、結果的に単純な階級闘争史観の限界を一気に打ち破り、歴史認識における多様な視点をうみだす条件を創りだす一要因となったんだという指摘である（田中彰『明治維新観の研究』）。そうしたことも多少関係したかもしれない。

さて、いずれにしても、一九六〇年代に入ると、従来の固定的な枠組みにもとづく単一的な発想を打ち破ろうとする動きがでてくる。幕末維新史研究においても同様の変化が見られるようになってくる。そのような変化のひとつとして維新史に関係する史料が次々と覆刻され、これを受けて、これ以後の歴史学界を特徴づける個別的実証研究への途がひらかれる。つまり、観念的に頭だけで考えるのではなく、具体的な史実にもとづいて幕末維新史を構築していこうじゃないかという風潮が主流となって、今日に至るのである。

一九七〇年代以降の研究状況

もっとも、一九六〇年代においては、長年の研究状況に疑問の声があがり始めたにとどまったと言った方が正確であろう。そうした疑問の声が具体的な成果となって発表されだすのは、一九七〇年代に入ってからであった。

ところで、一九七〇年代以降の研究動向の特色として、まず第一にあげられるのは、薩長土肥以外の諸藩ならびに幕府に関する研究業績が目に見えて増加してくることである。

そして、一九八〇年代・一九九〇年代と敗者側であった幕府・朝敵諸藩サイドに対する関心が次第に高まり、このことは研究業績数の着実な増加となって現れる。さらに付け加えると、一九八〇年前後から、近代日本の原点として、明治期ではなく幕末期を想定する視点にたつ研究が、めだつようになることも注目される。

日本経済の出発点を幕末期の通商開始に見いだす見解や、明治初年の機械工業や軍事制度のルーツをやはり幕末期の幕営軍事工業や幕府の軍制改革に求める見解などがそれにあたる。そして、幕府の対外政策がそれなりに主体的で柔軟な姿勢と努力のもとに展開されたことや、改革を実施するにあたって、幕府が諸藩や世間に対して閉鎖的でなかった（改革の成果を独占しようとしたわけではなかった）ことなど、幕府側に好意的な評価をくだす論稿が多くなったのも近年の特色かと思われる。

それまで、幕府側に対する評価は、とにかく低かったとしかいいようがなかったのが、様変わりしだした。『維新史』などをひもとくと、「幕府の無為無能」（第三巻、一五頁）といった調子で全編が貫かれていたことを考えると、ずいぶん変わったといってよい。

また、一九八〇年前後からは、従来、一部の有名幕臣の分析にとどまっていた幕臣研究が無名層にまでひろげられ、かつ維新後の旧幕臣のダイナミックな社会進出をも視野に入れた研究がなされるようになってきている。

ここに、我々は、初めて明治維新を薩長の維新だとする視点を乗り越え、複眼的な視点から総合的に歴史過程を見つめることが可能となりつつあるといえよう。

第三章　孝明天皇の登場

幕末史における孝明天皇

さて、いよいよ本章から、やっと本題である倒幕に至る幕末の政治過程に関する具体的な話に入る。そこで、何から書き始めようか迷ったが、孝明天皇について語ることから始めたいと思う。

というのは、近年、幕末史の勉強をし直していて、改めて孝明天皇の存在に注目しなければならないと思ったからである。はっきり言えば、孝明天皇が攘夷にあそこまでこだわらなかったら、日本の幕末史はまったく違ったものになったと考えられる。

幕末の政局を大きく変えることになったのは、いうまでもなくペリー一行の来日であった。ペリーは、圧倒的に優位にたつ軍事力を背景に、強硬な態度で幕府に開国を迫った。そのため、幕府は当初から妥協的な対応に終始し、とにかく平穏に問題を処理しようとした。そして、よく知られているように、最終的には、アメリカ側の要求をのんで、通商条約を結ぶことになった。

ところが、その前に強烈な攘夷意思をもつ孝明天皇が立ちはだかった。そこで、幕府は、手を替え品を替え、天皇の説得に努めることになる。さすがに、幕府にはそれなりの人材が揃っていたから、弱腰外交を正当化する理由づけは理にかなうものとなった。関連史料を読むと、堂々としたなかなか立派なものである。いま日本にやってきている外国人は、元寇の頃のモンゴル人とは全然違う文明人だ、だから追い払うことなどできない、したがって開国は世界史の流れの中で絶対に逆らえない歴史の過程（コース）だと言っている。

関白は説得できる。なぜなら、関白は幕府から役料を毎年千石もらっているから、幕府寄りである。朝廷と幕府との仲立ち役を果たす武家伝奏《てんそう》なんかも同様の事情で説得できる。ところが孝明天皇がものすごく頑なであった。それでことごとく跳ね返される。そのために幕末の政治情勢が思いもかけないところにいきつく。こうした話からはじめようかと思う。

ところで、意外と思われるかもしれないが、孝明天皇の存在というのは、いままであまり幕末史のなかで本格的には取り上げられてこなかった。すくなくとも深い次元では捉えられてこなかったと思う。専門家の研究も、私の知る限りでは、ごく一部の研究者が注目したにすぎない。それもせいぜいここ十年以内のことである。

この点で明治天皇とは違った。明治天皇にはそれなりの関心が集まった。また、最近では、突如大正天皇にもスポットライトがあたるようになった。いろいろな意味で、特別な存在であった昭和天皇に関しては、周知のとおり、非常に多くの関連書物がある。

脇役としての孝明天皇

では、何故、孝明天皇が深い次元で大きく取り上げられてこなかったのか。これは大きな問題かと思われる。

むろん、明治以降、孝明天皇の存在が無視されたわけではない。官が定めた幕末維新史の決定版である『維新史』をみても、「本書の記述は孝明天皇践祚《せんそ》の弘化三年に起り、明治四年の廃藩置県に終る」(第一巻、凡例一頁)と、孝明天皇を中心にして記述する方針が、高らかに宣告されている。

しかし、その割には孝明天皇の印象は薄いとの感が否めない。そこで、本当に久しぶりに『維新史』全五巻を読み直してみたところ、たしかに孝明天皇の言動は折にふれ、よく出てくる。そして、天皇の攘夷意思のことも、結構正確に書かれている。その点では、決して史実を大きくねじまげているといった印象は受けなかった。

孝明天皇画像（泉涌寺蔵）

ところが、どうにもこうにも孝明天皇個人の印象が薄い。幕末の政局を、頑なに攘夷に固執することで、結局大きく変えていった天皇の姿は、そこから浮かびあがってこない。主役として活躍するのは薩長両藩、せいぜいそれに土佐・肥前・水戸藩をプラスした政治勢力で、孝明天皇は脇役としての印象がぬぐえなかった。

では、どうしてそのようなことになったのか。これにはいくつかの理由が考えられる。そのひとつは、明治期の早い段階から始まる、幕末維新史の評価を国家権力が自ら確定しようとする過程で、どうやら孝明天皇の存在がネックとなったと思われることである。

改めて指摘するまでもないことだが、明治政府は、戊辰戦争で旧幕府軍との戦いに勝利をおさめるために、イギリス等をはじめとする諸外国の援助（すくなくとも局外中立の維持）を必要不可欠とした。そのため、俗に文明開化政策といわれる開国路線を採択し、以後これは堅持される。

この開国路線と、終始一貫して攘夷を唱えた孝明天皇の意思は、当然あい反した。すなわち、薩長出身のニューリーダーたちによって推進された新しい政策を正当化するうえで、この孝明天皇の強烈な攘夷意思は、迷惑このうえなかったのではないかと想像されるのである。それに、孝明天皇への批判を避ける意味もあって、『維新史』の記述が、いきおいにぶくなったものと推測される。

ついで、より大きな要因として考えられるのは、孝明天皇が、後述するように、幕府を支配の頂点に置く旧来の体制の改変を望まず、したがって王政復古の動きも否定したため、やがて反幕派の前に立ちふさがるようになったことである。

こうした天皇の動向が、明治以降隆盛をきわめた西南雄藩（中心は薩長両藩）討幕派史観にとって、はなはだ都合が悪かったために、孝明天皇の動向に覆いがかけられた面があったのではなかろうか。

第三の要因として考えられるのは、いわゆるマルクス主義者を含むインテリの間に、天皇個人や天皇制に対する強いアレルギーが存在したことである。これが私にはまんざら無関係ではなかったように思われる。そして、それとともに、前章でもふれたように、マルクス主義史学においては、勝利をおさめた薩長両藩への関心が集中しがちであったことも、孝明天皇を深い次元でとらえることを阻んだ要因のひとつとなったと考えられる。

以上、孝明天皇の動向が深い次元で長らくとらえられてこなかったと思われる理由を、いくつかあげたが、現在では、こうした制約ももはや過去のものとなったといってよかろう。そして、それを可能とした最たるものは、『孝明天皇紀』をはじめとする天皇の実態を解明できる史料の刊行と紹介であった。もちろん、それはいまでも不十分な段階にとどまってはいるが、これによって、孝明天皇の真実の姿が次第に明らかになり、その言動の幕末政治に及ぼした影響についてもかなりの程度判るようになってきている。そして、私のこれから記す孝明天皇にかかわる話は、これらの史料を積極的に活用したものとなる。

祖父光格天皇

孝明天皇がこの世に生をうけたのは天保二年（一八三一）のことであったが、この天皇のことを考えるうえで軽視できない人物が存在する。祖父の光格天皇《こうかくてんのう》である。というのは、この光格天皇が江戸期の天皇のなかにあって、特異な位置を占めるからである。

近年、江戸期の朝廷や天皇に関する研究はかなりの進展をみせている。が、満足できるレベルに達しているかと言えば、そうではない。さまざまな素材（ただし数少ない史料や事例）を分析の対象として、それはそれは涙ぐましい努力がなされてはいるが、残念ながら当該期の朝廷や天皇の実態を推測するにとどまっていると言わざるをえない。

言いかえれば、それだけ江戸時代の朝廷や天皇のことがよくわかる良質の史料が少ないということでもある。とくに、知識人ではない一般の民衆が、朝廷や天皇のことをどう思っていたのか、これがほとんどわからないのである。

ただ、そのなかで、近年、研究者の間で共通の認識となりつつあるのが、次のようなことではないかと思う。それは、政治的にも経済的にも、幕府から完全におさえこまれていた、「まったくの非権力体」であった朝廷が、それまでのあり方から脱却するきざしをみせ始めるのが、江戸時代後期の寛政年間（一七八九～一八〇一）前後の時期くらいからではないかというものである。すなわち、このころになると、国内的には封建的危機が進行し、また対外的には欧米諸国の船舶が盛んに来航するようになる。そのため、幕府も藩も揺さぶられ、それにともなって朝廷と幕府の関係にも変化が生じるとみるのである。

ちょうどこのころ、天皇として在位していたのが光格天皇であった。そして、この天皇は、朝廷の自立をめざして積極的な活動を展開する。その結果、朝幕間に緊張が走るとともに、それまで洛中・畿内にとどまっていた朝廷の権威が、将軍権力から自立しだし、やがて、その権威のおよぶ範囲が拡大されていったとみなされる。

さらに、書き足せば、この寛政期には、老中として有名な改革を断行した松平定信《まつだいらさだのぶ》が、幕府中心の尊王思想である大政委任論の考えを将軍の徳川家斉《とくがわいえなり》に表明し、それが、次第に幕府内部の共通認識として定着し、以後、朝廷と幕府の関係を律する基本的な枠組みとなっていったとみる研究者もいる。

ペリー来航と朝廷

先程ふれたように、孝明天皇は、その光格天皇の孫にあたる。血筋からいって、おとなしい、ただじっとしているだけの天皇ではいられなかったかもしれない。そして、この孝明天皇が歴史の表舞台に登場してくるのが、弘化三年（一八四六）のことであった。この年、アメリカ艦隊が浦賀に来航するなど異国船がさかんに日本にやってくる。そこで天皇は八月に、時の関白であった鷹司政通《たかつかさまさみち》を通して、幕府が異国船に対して適切な対策を採ることを求めた。これは対外問題に関して天皇が勅を幕府に下した最初のケースとなった。

そして、これに対し幕府の方も、異国船の近状を天皇に知らせた方が、かえって叡

マシュー・ペリー提督

慮（天皇の気持ち）を安んじることができると判断して、同年の十月に、京都所司代の酒井忠義《さかいただあき》をして、この年に琉球、浦賀、長崎などへ渡来した外国船の状況を奏聞する。

もっとも、天皇（朝廷）と幕府との関係が、政局のひとつの焦点となってくるのは、やはりなんといっても、嘉永六年（一八五三）六月のペリー一行の来日と、彼らによる開国（通商）要求がなされて以後のことであった。そして、ペリー来航直後から、幕府は、朝廷にいわゆる幕府・朝廷・諸藩の三者からなる公儀権力の一員として、それなりの役割をはたすことを求めるようになる。それが何であったかといえば、宗教的役割をはたすことであった。

すなわち、幕府は、京都所司代を通して、異国船の「調伏《ちょうぶく》」、つまり朝廷が神社仏閣に異国船を滅ぼすための祈願を命じることを要請する。そして、これは、以後、幕府が朝廷に求める基本的な要請となり、朝廷側もこれに常に応じていく関係が築かれていく。

関白鷹司政通の考え

ところで、ペリー来航後の朝廷社会において特筆すべきことは、関白とそれ以外の政務に携わる公卿の間に、細波《さざなみ》のような対立が生じることである。この時、関白として、朝廷の実権を握っていたのは、文政六年（一八二三）以来、じつに三十年にもおよぶ長期政権を担当していた鷹司政通であった。彼は、アメリカ側の要求を、「はなはだ平穏……交易は何も子細これ無き事か」と、基本的には妥当なものと受けとめた。

ただ、政通は、この問題に関して、政務を担当する公家の間に意見の一致をみていないと、将来幕府とのトラブルが発生しかねないことを恐れたのか、武家伝奏と議奏《ぎそう》の意見を聴取した。武家伝奏とは朝廷と幕府の間を、議奏とは天皇と関白の間を、それぞれ取りつぐ役職であった。

七月二十一日、武家伝奏・議奏両役の意見を聴取するために開かれた席では、武家伝奏の三条実万《さんじょうさねつむ》は、絶大な権限を有する関白との関係をはばかって、自分の意見はいっさい言わなかった。しかし、日記には、しっかりと本心を吐露している。

それによると、関白は、この日、議伝両役に、「しきりに異国の仁愛（を）賞歎し給ひ、かつ当時武士怠惰怯懦《きようだ》、所詮あひ敵し難きか、それよりは交易を為し、利を得(る)方、上計か」と語ったらしい。関白は、当時の平和慣れして軟弱そのものであった武士の実態を熟知していて、とうていアメリカ側の開国要求を拒絶できないと悟って、交易論に同調したのである。

ところが、三条実万は、関白の意見を記したすぐ後に、「人々の按ずる所(と)齟《そ》齬《ご》の御説」と感想を付け加えた。「人々」とある以上、三条らの周りにいた複数の公家が、当時すでにアメリカとの通商開始に強い不安を感じていたことが判る。

こうした公家の漠然とした不安に火をつけることになったのが、前水戸藩主の徳川《とくがわ》斉昭《なりあき》であった。彼は、ペリー来航後の七月三日に幕政参与に任命され、海防に関わる会議に加わることになる。そして、その彼が姉婿であった関白に、自分の考えを伝えたのである。それは、強引に幕府に通商関係の樹立を迫るペリーの行動を、皇国を侮る無礼な所行だと痛烈に批判する内容のものであった。

これを受けて、関白は、九月四日、議奏の東坊城聡長《ひがしぼうじようときなが》に斉昭の書簡を見せ、孝明天皇にその要旨を内々言上に及ぶべきことを命じた。鷹司関白の認識は、先述したように、斉昭とは反対であったが、将来のことを考えて、天皇にも事態の一端を知らせておく必要を感じたためだと思われる。

なお、この日、東坊城聡長は、イギリス・アメリカ・ロシアが、「全くもつて一味の事、……察すべき也、従来此の事、人々申す所也、恐るべし懼《おそ》るべし」との感想をその日記に記したが、ここにも当時の公家の不安感がうかがえよう。公家一般は、関白のような楽観論ではなく、ペリー一行の要求をたんにアメリカ一国だけの要求ではなく、欧米諸国の共同歩調にもとづくものととらえ、そこに彼らなりの深刻な恐怖感を抱きはじめていたことが理解できるのである。

武家伝奏の江戸派遣と幕府

こうした背景があったからか、関白は、十一月に入ると、武家伝奏の三条実万と坊城俊明《ぼうじょうとしあきら》の両名を江戸に派遣する。出発にあたって、関白は三条に対し、「通商打ち払ひなど（の）事、是（＝朝廷）より申すべきにこれ無し。ただ人意之をたゝぬ（＝人々が騒ぎ立てぬ）様、随分平穏の様にと思し召す旨」を幕府に伝えることを命じた。

関白は、幕府への大政委任は当然だとする立場から、通商関係の樹立か、それとも打ち払いの実施か、その選択は幕府に委ねるとしながらも、朝廷内にくすぶりだした不安を静め、朝幕関係を良好なものとし続けるために、武家伝奏の派遣を決断したものと思われる。

この江戸に派遣された武家伝奏両名に対し、十一月二十七日、老中は、天皇にこのようにして欲しいという具体的な希望があれば、その希望にそって取りはからうつもりだと、「随分懇切」な態度で返答したという。すなわち、江戸の老中は、多分のリップサービスをもって、天皇の意思を尊重することを武家伝奏の二人に伝えたのである。これは、むろん、宮中の奥深くに鎮座まします、もの言わぬ、いままでの伝統的な天皇の姿を想定しての発言であった。

翌安政元年（一八五四）一月、幕府側の回答を聞くため、ペリー一行が再度やって来る。そして、ペリーの再航は、天皇および公家の不安をかきたて、朝廷のある畿内の警備体制の確立を急がせることになった。翌二月、朝廷から、尾張藩や彦根藩などの譜代大名数藩による京都警固プランが京都所司代に提示される。もの言わぬはずであった天皇（朝廷）が、いよいよ動きだしてきたのである。

ついで、同年四月二十九日、幕府は、京都所司代を通して朝廷に、日米和親条約に調印（三月三日）したこと、ならびに下田・函館（本書では箱館ではなく函館に統一する）両港で食料・薪水・石炭などの必需品をアメリカ側に供給するようになったことを告げた。これに対し、議奏の東坊城聡長は、諸藩の武士が納得していないとの噂があるとしたうえで、自分もそうだと不快感をその日記に書き留めた。

天皇・朝廷の和親条約承認

朝廷側の漠然たる不安・恐れは、九月中旬、ロシアのプチャーチン一行が突如大阪（当時は大坂だが、本書では大阪に統一する）湾に姿を現し、天保山沖へ停泊したことで現実のものとなる。この時、京都の朝廷では、京都にほど近い大阪であった分、大騒ぎになり、孝明天皇の比叡山への遷幸が議論され、続いて彦根が避難先の新たな候補として噂にのぼる。そして、プチャーチン一行の侵入を阻止できなかった結果、無防備に等しいことが白日のもとにさらされた大阪湾の防備をどうするかが、以後重大な課題となってくる。

そして、この段階で、再び孝明天皇の姿がおぼろげながらも浮かんでくる。すなわち、孝明天皇はプチャーチンの事件に大きなショックを受け、常の膳（日常の食事量）を減らし、朝廷に関係の深い石清《いわし》水《みず》八幡宮など七社七寺に命じて国家の安泰を祈念させる。そして、このあと、幕府から、全国の寺院にある不用の梵鐘類を銃砲に鋳直すことを、勅命で命じて欲しいと伝えられると、それに応じる。

もっとも、ここで確認しておかねばならないことは、天皇や関白以下、武家伝奏・

議奏といった政務に携わる公家は、まだこの段階では、いずれも、多少の不満や不安は抱きながらも、和親条約の締結には納得し、それを了承したことである。安政二年（一八五五）九月十八日、京都所司代と禁裏付武士の両名は、関白・武家伝奏・議奏と会見して、ロシア・イギリス・アメリカの三国と和親条約を締結するに至った事情を具体的に報告したが、関白はそれに納得した。そして、この後、このことは天皇にも報告され、天皇も一応満足の意を表した（「ことの外、叡感にあらせらる」）。和親条約はたんに欧米諸国と親しみ仲良くすることを謳っただけで、なんら条約としての実質をともなうものではなかったからである。そのため、この段階では、朝廷側も格別問題視するには至らず、それがいまあげたような天皇の対応となったのである。

第四章　朝幕関係の悪化と孝明天皇の朝廷掌握

徳川斉昭の情報提示

ところが、こうした朝幕間の小康状態にやがてほころびが生じはじめる。その直接のきっかけをつくったのは、またしても徳川斉昭であった。

安政三年（一八五六）九月、斉昭は、前関白の鷹司政通（政通は、前月に関白職を辞し、左大臣の九条尚忠《くじょうひさただ》が替わっていた）に書簡を送り、日米和親条約の取り決めにしたがって、日本にやってきたアメリカの初代総領事タウンゼント・ハリスの出府問題をはじめとする外交問題にかかわる情報を、極秘情報として知らせたのである。当時、ハリスは、アメリカ大統領の国書を下田ではなく江戸で直接将軍に手渡すことを求め、老中などと争っていた。

これを受けて、鷹司政通が、十月三日に武家伝奏に斉昭の書簡をみせて意見を聴取し、ついで十月五日、斉昭の書簡を内々で天皇と議奏の万里小路正房《までのこうじなおふさ》にみせることを武家伝奏に命じる。そして、この後も、斉昭の前関白への情報提示行為は続くことになった。

　ここに新たな、しかも決定的な対立状況が生まれることになる。それは、江戸の幕閣と徳川斉昭の対立と、やはり江戸の幕閣と朝廷（なかでも孝明天皇）の対立であった。

徳川斉昭

　安政三年九月・十月段階で、江戸の老中および諸役人は、和親条約の線から大きく踏み出す動きを見せるようになる。それは、欧米諸国との通商条約締結に向けての動きであった。

　これには、この年の七月に長崎に入港したオランダ船からもたらされた、イギリス使節のバウリング一行がまもなく渡来し、通商関係の樹立を要求するとの情報が大きくかかわっていた。すなわち、この渡来予告をうけると、幕府内の実力派官僚であった大目付と目付は、これを世界史の流れのなかで拒否できない必然的な要求と受けとめたのである。そこで、九月中旬に、幕閣に上申書を送り、イギリスの要求を受けていやいや貿易を許すのではなく、むしろ自主的・積極的に通商を許可すべきだと主張した。当時のイギリスは、なんといっても世界最強の国で、しかも目的のためには手段を選ばないかのようなその獰猛《どうもう》さは、わが国でも知れわたっていたから、大目付たちがこのように主張したのも無理はなかったといえる。

大目付たちが提出した上申書で注目すべき点は、幕府の「鎖国」政策が、改変不可能なものでなく、改変が可能であるとの考えが打ち出され、かつその根拠が明確に示されたことである。それは、江戸幕府の創設時、家康から家光にかけての三代の将軍時に、イギリスとの「通商」関係が成立していた史実をふまえた提言であった。そして、この提言は、幕府首脳にとって、まさに「渡りに船」となったといってよく、このあと欧米諸国との通商関係樹立に向けての動きが加速する。すなわち、翌十月、老中の堀田正睦《ほったまさよし》が外国事務取り扱いの専任者に任命されるが、これは明らかに通商関係の開始を想定しての人事であった。

ついで、安政四年（一八五七）二月、オランダの領事官から清国とイギリス・フランス両国との戦争（アロー戦争。二番目のアヘン戦争ともよばれる）の情報が提供されると、幕府首脳は焦りをみせる。堀田は、「無事の内に、是までの御法（を）早々（と）御変革」することの必要を認め、評定所一座以下海防掛などへ、さっそく開国通商の断行を提案する。そして、この堀田の提案の前提にあったのは、和親条約の締結によってすでに鎖国政策は放棄されたとする認識であった。

幕府首脳と斉昭・朝廷の対立

先程あげた徳川斉昭の一連の動きは、こうした幕府首脳が推し進めようとする積極的な通商開国路線に対する猛烈な反発にもとづくものであったが、当然のことながら、それは老中等との激しい対立を招くことになる。なぜなら、斉昭の朝廷を巻き込んでの通商阻止活動はすぐに幕府側に察知され、幕府側の危機感をつのらせることになったからである。その結果、幕府は、安政四年七月二十三日、斉昭の政務参与を免じ、斉昭の発言力を封じ込む作戦にでる。そして、これには、むろん、当時大きな波となりかけていた、斉昭の息子である一橋慶喜《ひとつばしよしのぶ》を将軍徳川家定《とくがわいえさだ》の後継ぎにしようとする運動に対する牽制の意味が含まれていた。

他方、朝廷との関係はどうなったかといえば、同年十月二十一日におこなわれた、ハリスの江戸登城と十三代将軍徳川家定との会見を許可した幕府は、十一月、前京都所司代で当時老中であった脇坂安宅《わきさかやすおり》を上洛させ、この間の事情を説明し、通商条約締結の必然性を朝廷に納得させようと図る。

ところで、ハリスの要求は、江戸にミニストル（公使）を置くことと、自由貿易の許可の二点につきたが、この頃から朝廷側の対応が、従来と違う様相をみせはじめる。そうなるに至った最大の理由は、朝廷側が、ハリスが日本各地（なかでも大阪など）を開港地として望むかもしれないとの不安を抱いたためであった。

つまり、和親条約の段階では、開港地が、長崎・函館・下田という京都から遠く離れた場所であったため、問題とするにはおよばなかったが、通商条約の締結によって、大阪をはじめ京都に近い場所が、新たに開港地になる可能性がでてきた。このことを朝廷側が恐れ、神経質にならざるをえなかったのである。

また、脇坂の発言が幕府の足を引っ張ることになったのも軽視できない。彼は、上洛してきた十一月九日の夕方に、武家伝奏の東坊城聡長に対して、ハリス個人に対する悪意に満ちた人物評価を語った。それは、「白髪にて何かいやらしき者」「大たいは蘭人同様に候得共《そうらえども》、余程下品」といった半ば誹謗に近いものであった。ついで翌十日、この脇坂の人物評価が東坊城から当時内大臣に昇進していた三条実万に伝えられる。そして、この日、脇坂は参内し、ハリスが江戸城に登城した時の様子を報告する。

おそらく脇坂が親しかったが故に東坊城にもらした、この不用意な発言は、朝廷側の反感を募らせる一因となったものと思われる。また、ハリスに対して、非常な反感を抱いていた脇坂が、参内して朝廷に報告した内容が、アメリカ側に好意的なものとなった保証はない。そのためかどうか、すくなくとも朝廷サイドは、すぐには幕府側の報告に納得しなかった。

林大学頭の京都派遣

そこで、今度は大学頭《だいがくのかみ》の林復斎《はやしふくさい》と目付の津田正路《つだまさみち》の両名が京都に派遣され、朝廷の説得（孝明天皇による条約の承認、つまり条約勅許の獲得）にあたることになった。また、堀田自身の上洛（ただし林らとは別行動）もあわせて通知された。

安政四年もおしつまった十二月二十六日に上洛してきた林・津田の両名が、朝廷を説得するために用意した理由は次のようなものであった。それは、開港・開市の場所は京都を避け、江戸の近所とする。また、みだりに欧米人と雑居しないように配慮する。鎖国制度は改め、寛永以前の制度に復帰する。幕府が通商開始の決定をなしたのは、隣国である清の事例（イギリス・フランスとの戦争で敗北し、いまもって内乱状態に陥っている）に学んだためである。

林大学頭の説明を受けた後、翌安政五年（一八五八）一月十四日、朝廷はごく近い将来に上洛してくる堀田との交渉に備えて、前関白と関白を除く、政務を執る公卿たち十二名に対して、対応策を諮問する。そして、この段階で、ようやくにして孝明天皇の条約問題に対する意思が表明される。

すなわち、一月十七日になって、孝明天皇は、関白の九条尚忠に対し、「夷人願ひ通りにあひ成り候ては、天下の一大事のうへ、私の代より加様《かよう》の儀にあひ成り候ては、後々までの恥の恥に候はんや」と、幕府が進める開国通商路線に否定的な考えを表明する。あとで再びふれるが、「私の代より」というところに、孝明天皇の苦衷が集約してあらわれているといってよかろう。

天皇の決断

通商条約に否定的な意思をはじめて表明した孝明天皇は、以後、ふっきれたのか、自分の思う方向に事を運ぶために、二つの方途を採用した。ひとつは、前関白の鷹司政通（当時太閤とよばれていた）との対決を決断したことである。当時鷹司政通は、関白職は辞したものの、依然として内覧の特権（太政官から天皇に奏上する前に公文書を見て、政務を処理できる権限）を保持し、絶大な権力を朝廷内でふるいつづけ、また通商条約を是認する意向を示していた。

したがって、通商条約を否定するためには、この鷹司政通との対決がどうしても避けられなかったのである。そして、天皇は鷹司政通と対決するにあたって現職の関白である九条尚忠の抱きこみを図った。

なお、孝明天皇が鷹司政通との対決色を強めた理由を、天皇権の回復ならびに摂家支配打破にかける天皇の意気込みに求める見解もあるが、いまのところ私はそこまでは断定しえないでいる。それよりも、やはり天皇は通商条約を否定しようとして太閤との対決を選んだと考えたい。

安政五年一月二十六日、天皇は、九条関白に対し、改めて条約勅許を拒絶する意思を示し、場合によっては、攘夷戦争を認めることすらありうると伝えた。そして、条約勅許拒否を宣言した場合、鷹司太閤と対立状態になることは避けがたいとして、関白の協力と、その奮起を促した。

もっとも、決断した割には、孝明天皇は弱気であった。これには、孝明天皇が昔からどうも鷹司政通が苦手だったことが大いに関係していたようである。なにしろ、相手は自分よりもはるかに年長（四十二歳上）で、しかも朝廷内のさまざまなことに精通し、絶大な権限を長年にわたって有してきたベテランの宮廷政治家であったから、それも無理はなかったと思う。

だから、この日の関白への協力要請でも、天皇は、初めから鷹司太閤に対する劣勢を予想（「これまでの相談事同様に、予一言に太閤多言にて、申し切りに成り候はん」）していた。だからこそ、関白頼りとなり、関白の奮起（天皇は、関白あての宸《しん》輸《かん》に「御キハリ（気張り）」と記していた）を求めたのである。

鷹司太閤の天皇への警告

孝明天皇と鷹司太閤の対立が表面化するのは、安政五年二月五日に老中の堀田正睦が京都に到着して以後のことであった。二月二十二日、通商貿易を許容した方が良いとの立場を表明した太閤鷹司政通は、天皇に対し、幕府をこの件で追いつめれば、「承久《じようきゆう》の乱」のような事態が発生しかねないと警告を発した。承久の乱とは、いうまでもなく、承久三年（一二二一）に後鳥羽上皇《ごとばじようこう》が鎌倉幕府の打倒を掲げて立ちあがったものの、敗れて隠岐に流され、朝廷方の勢力が著しく衰退した事件である。

長期におよぶ豊富な行政経験を背景に、幕府との厚い信頼関係にもとづく朝幕間の友好関係の維持に心をくだく、ベテラン政治家の鷹司政通にとって、天皇の突出行動を認めるわけにはいかなかったのは当然であった。また、現実問題として、幕府との対立を招くと、朝廷も鷹司本人も、幕府にねじあげられ経済的に追いつめられる可能性があった。

事実、安政五年当時の史料には、政通本人が、「王政の儀などは容易ならず、なかなかもつて、公家の力におよぶべきことにこれ無し。仕損じ候時は、たちまち公儀

（＝幕府）より御賄《まかない》（＝生活費等の支給）も進ぜられざる事にあひ成るべく」云々と語ったとあるが、これは彼の本音と考えていいであろう。

だが、自分の代で、国家の対外政策のあり方を根元から改変することに激しい不安を感じていた孝明天皇は、通商条約の締結をなんとしても拒絶しようとした。この自分の代でというところが、孝明天皇の当時の気持ちを理解するうえで大事かと思う。

現代の我々は、旧体制を守ることよりも、破壊して改革をおこなうことに、より高い価値を見いだす傾向がある。そういう眼からみれば、孝明天皇は、変革を拒絶する、たんなる（あるいは始末におえない）保守主義者ということになるかもしれない。

ところが、変化というものにそれほどの価値をおかない、あるいは全くといってよいほど価値を認めようとしなかった当時にあっては、天皇が通商条約の締結によって、何か得体が知れない変化が、この風土に生じるのではないかと恐れ、それを忌み嫌ったのも無理のない面があった。それも、たとえ形式的にせよ、自分が認可することで、そのような方向性が最終的に確定することへのためらい・恐怖（そこには孝明天皇なりの責任感があったのはいうまでもない）が、通商条約の拒否につながったことを理解しておく必要があるかと思う。

関白九条尚忠の対応

閑話休題。話をもとに戻す。孝明天皇が勇を奮って、初めて太閤と対決したこの日、九条関白がどのような態度を示したかというと、これがまた情けない対応の仕方となった。「かねがね太閤殿は御油断あひ成りがたき旨」を天皇に「奏聞」していたにもかかわらず、また天皇の要請を前もって受けていたにもかかわらず、天皇と太閤の両者が衝突した際、関白は一言も発することができず、天皇の不信をかうことになってしまった。

さて、二月二十二日の朝議の席では、このように孝明天皇と鷹司太閤が衝突したが、この日の両者の対立は、徳川御三家以下諸大名の本心を将軍の命令でいま一度聴取し、それを天皇に報告することを幕府に要求することで、とりあえず落着する。そして、翌二十三日、両役（議奏・武家伝奏）から、その旨が勅許の回答を待つ堀田に伝えられた。

ところで、これから話をさらに進める前に、ここで確認しておきたいのは、この決定に先立つ段階で、孝明天皇が通商条約の締結を阻止すべく、さかんに関係者に自分に同意するように働きかけたことである。その結果、孝明天皇のみるところでは、通商条約の締結に批判的なグループと、締結を是認するグループの二派に朝廷内のトップが分かれることになる。

大雑把に分ければ、前者には中川宮《なかがわのみや》・近衛忠熙《このえただひろ》・議奏・関白の九条尚忠が、後者には鷹司政通・右大臣の鷹司輔熙《たかつかさすけひろ》・武家伝奏が属すことになった。つまり、朝廷内にあい対立する政治勢力が登場したことになる。そして、こうした中、二月二十七日、鷹司太閤が内覧の辞意を表明する。太閤は、もの言わぬと思っていた若き天皇が初めて自分に抗ったことに、やはりそれなりの強いショックを受けたものと思われる。それがこうした辞意表明となったのであろう。

天皇はこれを千載一遇のチャンスととらえた。そこで翌二十八日、さっそく関白に対して、受理の可能性を打診する。そして、関白は、天皇の強い圧力のもと、三月四日、天皇に対し、太閤からの独立を宣言させられる。それは、これからは太閤とは相談せずに、何事も天皇の意向をうかがったうえで取り計らうようにするという宣言であった。と同時に、太閤の内覧辞退については、このまま引き延ばす(これは、両役が幕府の返答との関係でこのように求めた)ことを天皇に提言し、天皇もこれを了承した。

そして、結果的に、鷹司太閤の内覧辞退は、この年の七月二十七日になって認められ、太閤が朝廷内における実権を完全に失うことになるが、実質的にはこの二月末段階で彼の神通力は失われたとみてよいであろう。二月末以降は、「実々（内覧を）御辞退なされたき御本意にはこれ無く候得共、前顕御不首尾（孝明天皇と衝突したことを指す）後は、何となく御権式も薄く、内覧も有て無きがごとくあひ成り、不平の堂上方をも御取り示し（＝押さえつけ）なされかね候次第にこれ有り」という状態になったからである。

また、三月十七日には、「当時、伝奏にて無二の関東方」、つまり二人とはいない幕府寄りの和親開港論者だと目された東坊城聡長が武家伝奏を免職となる。これらは、いうまでもなく、孝明天皇が、朝廷を自己の掌握下におく過程で、最初の、しかも大きな勝利となった。

公論・衆議と天皇

通商条約を拒絶するために孝明天皇が採用したいまひとつの方途は、公家への諮問範囲の拡大と、彼らの天皇陣営への取りこみであった。前にもふれたように、安政五年一月十四日に、堀田との交渉に備えて、太閤と関白を除く政務を執る公家たち十二名（左・右・内の三大臣と武家伝奏・議奏）に対して諮問をおこなったあと、天皇は公家の考えを、意見書を提出させるというかたちで、さかんに聴取する。たとえば、一例をあげると、一月二十五日に大中納言等の外交意見を徴するなど、諮問の対象を著しく拡大していく。

そこには、極論すれば、関白以下のすべての公家を自派に取りこみ、公家全員の総意で通商条約の調印を阻止しようとする孝明天皇の強い意思を読み取ることが可能であろう。むろん、太閤鷹司政通の追い落としもこの線上で考えるべきである。

こうして、多くの公家が、天皇に対していや応なしに回答することを余儀なくされたわけだが、彼らの多くは、決定にあたっては、「衆思」「群慮」「群議」「衆議」を重視することを、いたずらに要望するのみで、具体的な意見を提示しえたものは、ほんの一握りの公家にすぎなかった。

これは、幕府によって、二百数十年間にわたって、政治的発言をいっさい禁じられてきたことに加え、国政上に問題意識を持ちつづけてきた公家の数がいたって少なかったことを物語っている。諸大名（とくに外様大名）においても事情は似たり寄ったりであった。幕府を介して意見を求められた彼らの多くは、やはりこの問題に関して、明確な意見を表明することはできなかった。

当然、こうした公家および諸大名の状況は、最終的には、すべて孝明天皇の決断

（いわゆる「聖断」）に委ねるとするかなりの数の回答とつながった。ここに皮肉なことに、孝明天皇自身が一番プレッシャーを受け、いっそう追いこまれる事態が生じることになる。このことは、安政五年二月十六日段階で、他ならぬ天皇自身が認めるところとなった。すなわち、天皇は、「諸大名以下、人々は叡慮次第と申し、皆どうか私を当てに」している様にも聞くが、「私もかねて御承知の通りの愚昧《ぐまい》短才の質《たち》」なので、「量見（＝了簡）は少しもこれ無く候」と、左大臣の近衛忠熙に告白せざるをえなかったのである。そして、これが、もの言わぬ天皇であった時の気楽さとは、いわば対極の苦痛を天皇に強いることになったのは、改めて言うまでもない。

第五章　江戸幕府と孝明天皇の対立

老中堀田正睦との対決

さて、前章では、京都の朝廷が、孝明天皇の強い指示のもと、通商条約拒絶の線でほぼまとまったところまで話がおよんだ。朝廷がこうした状況になりつつあった頃に、老中の堀田正睦が京都に乗りこんでくる。そして、入洛した彼は、満々たる自信をもって、朝廷に通商条約締結の世界史的必然性を説いた。ところが、彼を待ち受けていたのは、条理（理屈）の通用しない世界であった。

安政五年二月二十五日付で、堀田が江戸の同役に宛てて書き送った報告書によると、議奏の万里小路正房と裏松恭光《うらまつゆきみつ》の両名は、孝明天皇の近況が、眠れず、食事も喉を通らないなど、ただならないことを伝えたあと、堀田によれば、「理屈も何も差し置き、ただひたすら落涙」して、二月二十二日の朝議で決定をみた朝廷の要求（つまり御三家以下の諸大名の本心をいま一度聴取して、それを天皇に報告する）を受諾することを求めた。

これに対し、堀田はあくまで理路整然たる条理でもって対応しようとしたが、頑なにそれを受けつけない天皇とその側近にやがて音をあげざるをえなくなる。

以後、孝明天皇は、議奏の久我建通《こがたけみち》を通して、すでに決定済であった幕府にくだす勅書案を、さらに朝廷がより主体性をもちうるものに書き改めようとする。すなわち、当初の勅書案に「このうへは関東において御勘考あるべく様御頼み遊ばされ候」とあった文面を、削除しようとした。

何故、天皇と側近らが、この文面を問題にしたかというと、これでは幕府が条約問題で天皇（朝廷）の望まない取り計らいをしても、それを阻止できないからである。

この問題で、重要な役割をはたすことになったのが、政務に携わらない下級（平《ひら》）公家たちであった。彼らは、久我建通に相談を受けた大原重徳《おおはらしげとみ》・岩倉具視《いわくらともみ》によって動員され、その数（八十八人）の力によって関白に圧力をかけ、三月十二日に、という書面の書き改めに成功する。ここに天皇の意思を多くの公家がサポートし、関白以下に同意させるという方式が初めて勝利をおさめることになった。そして、翌四月、天皇は、この公家たちの行動に深く満足するとの意を表明し、金を賜る。

孝明天皇およびその意を間接的に受けた平公家たちがこだわったのは、最終的な決定を幕府に全面的に委任することの拒絶であった。そして、これは、幕府が認められていた政務委任の原則を否定しかねない点で、大変重要な意味をもった。

さて、このような経緯を経て、和親条約の線にもどすことを幕府に要求する（「下田商館条約へ立ちもどり候様遊ばされたき事」）ことで一致をみた朝廷は、勅書を徳川御三家以下の諸大名にくだし、そのあと幕府が対策を協議し、そこで出た結論を天皇が聞いたうえで、聖旨（天皇の考え）を定めることを堀田に命じた。

正睦の抵抗と挫折

この朝廷側の一方的な通告にたいし、堀田もむろん抵抗した。彼は、三月二十二日、勅書の受け取りを拒んだのである。そのため、翌々日の二十四日、堀田を説得するために訪れた両役は、改めて朝廷側の要求を堀田に突きつけた。

ところが、その要求の中に驚くべきことが含まれていた。それは、諸大名の意見を聴取したうえで、なお天皇が決断をくだせない場合は、伊勢神宮の神慮をうかがう、つまり最終的な決定を伊勢神宮の御籤《おみくじ》に頼ることもありうるというものであった。

これには、さすがに堀田も「大いに驚き」、もし御みくじに「戦」と出たら大変なことになると、「神慮御伺の処」は、やめていただきたいと懇願する。なお、長州藩の吉田《よしだ》稔麿《としまろ》が仕入れた情報によると、この頃、堀田は関白の面前で泣いたことがあったという。

それはさておき、このような状況の中、堀田は、当初の満々たる自信はどこへやら、朝廷側にいわば押し切られたかたちで、四月五日に京都を離れ、同月二十日に江戸に帰着する。やはり、長州藩の暴れん坊であった久坂玄瑞《くさかげんずい》が、「此内《このうち》は京師《けいし》（＝京都）滞留仕り候。天朝の盛、輓近《ばんきん》（＝近頃）いまだ聞かざるの事。誠にもつて感激奉り候。……此節は馬父（＝馬子《まご》）轎父《きょうふ》（＝駕籠かき）も京師の威を言はざる者御座無く候」と国元に報じたのは、堀田が京都を離れたこの四月のことであった。

ところで、堀田が京都に滞在中から江戸帰府後にかけての朝廷内にあって、目につく動きとしては、孝明天皇と関白九条尚忠の対立が表面化することが挙げられる。

鷹司政通に批判的であった九条尚忠も、自分がいざ関白職に就任すると、その職責との関係もあって、いままでのようにはいかなくなる。幕府との対立を極力避け、幕府側の要求をできるだけ受け入れようとするようになった。

当然、孝明天皇は、こうした幕府寄りの姿勢を鮮明にしだした九条関白にあきたりないものを感じ出す。そして、関白と対決するために、今度は左大臣の近衛忠煕・内大臣の三条実万と一条忠香《いちじょうただか》・議奏の久我建通らを自分の陣営に取り込む動きにでる。とくに近衛に対しては熱烈なラブコールを送り、幕府の要求を断固拒絶する意思を伝えた。

そして、彼らをつなぎとめるために、一人ひとりに書簡を送ることすら考慮し、また通商条約拒絶の自分の考えに変わりがないとの勅書をくだし、それに同意する（つまり孝明天皇に忠節を誓う）旨の請書を提出させた。

通商条約締結と天皇の反発

以上、朝廷内の様子をやや詳しく説明したが、堀田正睦が帰府してから三日後の四月二十三日、江戸で重要な人事が発令される。彦根藩主の井伊《いい》直弼《なおすけ》が大老職に就任したのである。これは堀田の留守中に、江戸で一種のクーデタ計画が練られ、それが実行に移された結果とみなければならないであろう。

そして、井伊を頭に据えた政府首脳は、四月二十五日、御三家以下の列藩に通商条約の締結に関する意見を問うた。一見すると、あたかも勅命を受け入れたように見えるが、幕府は諸大名に諮問するにあたって、天皇に戦争をおこなう意思がないことを強調するとともに、先に朝廷に奏上した方針のほかに選択肢がないと将軍が考えているとも付け加えた。

これでは、なんのことはない、諸大名が幕府の方針である通商条約締結以外の回答を打ちだせないように釘をさしたにも等しかった。

そして、そのうえで、六月十九日に、日米修好通商条約（ただし仮条約）に調印する。これは、いうまでもなく御三家以下の諸大名へ尋問し、彼らが提出する返答書等を天皇がみたうえで最終的に対応策を決めることを求めた孝明天皇の希望を無視した決定であった。そして、この決定に対しては、よく知られているように、前水戸藩主の徳川斉昭・尾張藩主の同慶勝《よしかつ》・越前藩主の松平慶永《まつだいらよしなが》・一橋家当主の一橋慶喜などが強く抗議し、七月五日、彼らは揃って隠居・謹慎等の処分を受ける。

さて、このように、井伊政権によって突如通商条約の調印が強行されたが、当然のことながら、これには侮辱されたに等しいと受けとった孝明天皇の激しい怒りが寄せられることになった。当時内大臣であった一条忠香によれば、六月二十八日、天皇は、「はなはだ御逆鱗《げきりん》の御様子」を隠せず、怒りの余り、関白以下、左大臣・右大臣・内大臣の三役と議伝両役に、天皇の位から降りることを伝えた。

天子の非常な怒りを意味する「逆鱗」という言葉は、このあと、この天皇にしばしばついてまわるが、事態の予想外の展開に、天皇としても感情を抑えきれなかったらしい。そして、このあと、天皇は譲位の意思が強いことを改めて左大臣等に伝えた。

こうした中、七月二十七日、前に記したように、太閤鷹司政通が内覧を罷めさせられ、朝廷内の実権を完全に失う状況が生まれる。鷹司政通の内覧罷免は、孝明天皇の怒りにふれた結果であった。七月二十七日付で、天皇が左大臣の近衛忠熙にあてた宸翰には、太閤が天皇の譲位を前提に、自分が摂政に就き、近衛忠熙を関白にして、関白を自分の思いどおりに操る考えだと耳にしたとの、太閤に対する猛烈な不信感が縷々《るる》綴られていた。

そして、八月五日、譲位を切り札として用いた天皇の多数派工作が功を奏し、朝議の席で江戸の幕府首脳に天皇の抗議の意思を伝えることが決定をみる。この日出された「御趣意書」は、天皇の怒りが頂点に達したかのような感のあるものであった。

それは、条約調印を報じた幕府のやり方が、「届け棄て同様」の所為であり、「厳重に申せば違勅、実意にて申せば不信の至り」だと批判したうえで、老中の間部《まなべ》詮勝《あきかつ》が上洛してくるまでに、譲位のことを幕府に通知せよというものであった。

天皇と九条関白の対立

ついで、八月七日、天皇は、右の「御趣意書」を幕府にくだすように「厳命」する。これに対し、関白は、幕府との関係を慮って、文面を穏やかなものに変えることを望む。この関白の要望に対し、天皇と関白両者の狭間に立たされることになった議奏の久我建通と武家伝奏の万里小路正房は、苦衷を関白に告げる。それは、関白の要望に近いことを皆で天皇に申しあげたのだが、譲位の事を持ちだされ、どうにも仕方がないと訴えたものであった。そして、さらに天皇から水戸家へ「御趣意書」を渡すことを命じられたとも告げた。

天皇の強硬論に対し、関白は難色を示した。だが、天皇は、左大臣・右大臣と密接なコンタクトをとって、水戸藩に「御趣意書」をくだすことに執着をみせる。ここに天皇・関白両者の対立が、のっぴきならないものとなってくる。

この時、天皇寄りの解決策を提示したのが左大臣であった。八月七日に参内した左大臣の近衛忠熙は、薩長両藩をはじめとする有力な諸藩十三藩に、それぞれ縁故のある公家を通じて、自分の意のあるところを、内勅というかたちで伝えたらどうかとの解決案を天皇に提示したのである。これを受け入れて天皇が譲位の意思を最終的にひっこめる。

続いて、これが実施に移され、鷹司家から加賀・長州・阿波藩へ、近衛家から尾張・薩摩・津藩へそれぞれ内勅（ただし写）が伝達される。そして、これらの決定と実行は、九条関白を排除したなかでなされ、結果的に水戸藩にも内勅がくだることになった。そして、内勅の降下を、名誉なことだと受け止めた諸藩（なかでも水戸藩）

の政治行動を、以後活発にさせることになった。

安政の大獄

このあと、孝明天皇の攻撃の矛先は、九条関白に向けられる。九月二日、天皇は、関白の辞職実現を左大臣の近衛忠熙以下に強く命じる。そして、左大臣の近衛忠熙・右大臣の鷹司輔熙・前内大臣の三条実万・二条斉敬《にじょうなりゆき》・議奏の徳大寺《とくだいじ》公純《きんいと》と中山忠能《なかやまただやす》は、その天皇の要望を受け入れることで、自らの政治生命を保とうとする。

また、天皇の攻撃は、関白にとどまらず、武家伝奏の万里小路正房と広橋光成《ひろはしみつしげ》にも向けられた。武家伝奏両名への攻撃理由は、表向きは、老中の間部詮勝が送って来た書状を、関白が命じて天皇に披露せずに留め置いたことなどに求められたが、武家伝奏が事実上関白の支配下にあった以上、関白攻撃の一環としてなされたことは疑いない。

そして、天皇の攻勢の前に、九月一日、武家伝奏両名は、「此後の儀は謹慎あひ守り、一々必ず（天皇に）言上仕るべく候」と、天皇への忠誠を表明し、進退伺いを出して引き籠もる。つづいて、九条関白から、所労を理由に辞職願が出される。そして、九月四日、九条尚忠が関白職と内覧を辞し、この日は内覧の辞退が認められ、左大臣の近衛忠熙が内覧となる。

ここに孝明天皇は、長期間にわたって続いてきた、関白による朝廷支配を打破することに成功したといってよい。いまや、彼は、朝廷内を思いのままに動かせる能動的な君主となったのである。

さて、ここまでは、ほぼ一本調子で孝明天皇が勝利を収めたが、この頃をピークに天皇を取りまく様相が急激に変わってくる。変化を告げる役割を担ったのは、再度京都所司代となった酒井忠義であった。酒井が九月三日に上洛すると、さっそく朝廷サイドから、九条関白の辞職と近衛忠熙の新関白就任を求める天皇の考えが通知される。

井伊直弼

これに対し、酒井は、九月七日、武家伝奏両名(広橋・万里小路)に、幕府首脳の返答を待たないで、関白人事を天皇が勝手に発令しないようにと念をおした。酒井は、性急に自己の独裁化を図ろうとする孝明天皇と、その同調者にやんわりと警告を発したのである。

酒井の警告は、翌日の御前会議にすぐに反映されることになった。この日、武家伝奏両名の進退問題が話し合われ、結局、最終的には、孝明天皇の意見で、二人の処分が、武家伝奏職はそのままで、もともとの官職である大納言だけ辞退とすることに決定する。二人がすでに天皇に忠誠を誓っていたことが、武家伝奏留任の大きな理由となったと思われるが、酒井の警告も考慮されたことは間違いない。

そして、このあと、京都所司代・伏見奉行・御附《おつけ》による朝廷の監視態勢が強化され、まもなく朝廷関係者の弾圧（いわゆる安政の大獄）が始まることになる。

朝廷が大獄を招いた要因

朝廷が弾圧を招いた要因は二つほど考えられる。ひとつは、いうまでもなく、水戸藩などに内勅がくだったことである。これは、朝廷と諸藩の直接的な結合を禁止してきた幕府の根本法に抵触する点で、幕府は絶対に認めるわけにはいかなかった。事態を静観すれば、朝廷と諸藩との接近の動きが半ば公然化することは眼にみえており、幕府としてもこれはなにがなんでも阻止しなければならなかったのである。

いまひとつは、関白を交代させようとする動きが、老中の間部詮勝と京都所司代の酒井忠義の上洛に先立って、朝廷を天皇が思い通りにしようとするためのものだと見透かされたことである。そして、この動きの背後に、徳川斉昭の「隠謀」があるとみなされたことも大きかった。なにしろ徳川斉昭の動向に関して、幕府が極度に神経質になっていた当時にあっては、このことは軽視できなかったからである。

ところで、幕府の朝廷に対する姿勢が、ことの外、強硬なものとなったのは、酒井の上洛前に江戸でシナリオが練りあげられていたからだと思われる。それは、上洛後、酒井がただちに探索をおこない、そのあと老中の間部が京都にやって来るとともに評決をくだすというものであった。そして、酒井は、上洛後、このシナリオに沿って、さっそく行動を開始する。まず手始めに鷹司家の家臣である小林民部《こばやしみんぶ》権大輔などを捕縛し、孝明天皇の強いリーダーシップのもと、大いに羽根を伸ばし始めた朝廷関係者を脅した。そして、そのうえで、十月六日に、朝廷に対し、江戸の老中の意見(回答)として、九条関白の辞職を差し止め、内覧もこれまで通りとすることを求めた。

この酒井(幕府)の強硬な姿勢の前に、内大臣らは、さっそく九条関白の在職に同意する動きをみせ、天皇も不承不承これに同意する。

そして、翌々日の十月八日、二条斉敬が関白邸を訪問し、面会を拒絶した九条尚忠に代わって応対に出た息子二人に対し、関白辞職の差し止めを通知し、あわせて内覧の受諾を求めた。しかし、九条は、孝明天皇の自分に対する不信もあって容易に受諾せず、夕方再度訪問した二条に、逆に質問を浴びせた。その質問とは、いままでとは違って内覧が近衛忠煕と自分の二人になるのかどうかというものであった。

関白の反発にあった天皇は、十月十二日、勅書を関白にくだし、自ら説得に努めることになる。勅書には、関白に対する自分の疑念が氷解したことに加え、「内覧の事も便《すぐ》に申し入れ候。此事に於いては、たとへ両内覧と申し候とも、左府（＝左大臣の近衛忠煕）承知あるまじく存じ候。……かつまた両内覧と申すも異様の事ゆゑ、もつとも（九条関白が）御出仕のうへは、両内覧にてこれ無く心得、尋常しかるべく存じ候事」と記されていた。天皇は、事実上、九条関白一人が再び内覧となる旧体制への復帰を認めたのである。

これを受けて、十月十九日、九条関白の辞職を留めてその内覧を復し、左大臣近衛忠煕の内覧を止めるに至る。そして、十月二十四日、老中の間部詮勝が参内して、幕府側の見解を記した書簡を朝廷に提出する。

幕府の朝廷への回答

幕府側の見解は、朝命によって尋問された件に関する御三家以下諸大名の建議の大半が開国論（つまり通商条約是認論）であったとしたうえで、元が日本を襲った「元寇」時は、「一国の儀に候はば」如何様にも対応ができたが、いまは「御国内に夷族を必ず寄せざる様に致すべき儀は、決してあひなりがたき時勢」だと、天皇の通商拒絶の要求を明確に拒否するものであった。

そして、幕府側は、究極の対策として、「堅く強兵を内に蓄へ、外には永世平安の術」を施しているうちに、諸外国は貿易の利益を日本ではあげえないことを察知して、日本から遠ざかるであろうとの、まことに能天気なプランを最後に提示したのである。

これに対し、天皇は、参内した間部に風邪を理由に面会を拒絶するなど、多少の意地を通したものの、この日、十四代将軍の徳川家茂《とくがわいえもち》を権大納言正二位に任叙し、ついで翌二十五日には内大臣と征夷大将軍の宣下をおこなうなど、妥協を余儀なくされた。

以後、安政七年（一八六〇）に井伊直弼が桜田門外で暗殺されるまで、孝明天皇は失意の時代に入る。すなわち、間部が参内した翌月にあたる十一月の九日付で、左大臣の近衛に宛てて出された宸翰に、「此節にては、私一本立（＝独りぼっちで）、相談相手もこれ無く、心細く、大儀過《あやま》ち有るかと、実に目まい（ひ）候事に候」とあったように、孤立的状況に追いやられた。そして、このような立場に立たされた天皇は、このあと、あい変わらず、信頼関係をきずけない九条関白との協調を表面的に装いつつ、朝廷高官の処罰を幕府から強く求められると、それに消極的な対応を繰りかえして逃れようとする。

もっとも、そうはいっても、この間の天皇は、よくよく観察すれば、決して通商条約拒絶の信念を撤回してはいないことが解る。天皇は、この失意の時期に入っても、頑なに、しかし、それまでのように、声高にではなく、鎖国体制への復帰を間部（幕府）に要望しつづけ、安政五年十二月には妥協案を提示した。

それは、通商条約即時廃止の要求をひっこめる交換条件として、兵庫開港あるいは大阪への外国商人の進出のいずれかを差し止めることに幕府が同意すれば、数年の猶予期間を認めるというものであった。

これに対し、間部（幕府）は、天皇（朝廷）とのこれ以上の関係の悪化を憂慮し、「猶予」の一事のみを認め、あとは却下する作戦にでる。兵庫開港と大阪での外国商人の商業活動禁止を、ともに拒否できないことは百も承知していながら、幕府は朝廷と幕府の融和を優先させたといってよい。

しかし、幕府側のこの妥協は、「外国人を日本（なかでも畿内）から遠ざけたい」

との孝明天皇の要望そのものを明確に否定しないで、天皇の認めた数年間の猶予を受けいれるというかたちでなされたため、やがて幕府を追いつめることになる。

安政六年（一八五九）十一月二十一日に、京都所司代から朝廷に対してなされた返答中に、「蛮夷」を日本から遠ざけることを幕府に委任されたからには、「七、八箇年ないし十箇年あひたち候うへ」で、「その成功を」天皇が問い詰められるのはともかく云々とあったように、たんに問題を数年もしくは十年後に先送りするだけにとどまったからである。

第六章　井伊直弼暗殺後の政局と孝明天皇

桜田門外の変と孝明天皇の復活

前章の終わりに記したような、孝明天皇にとっての閉塞状況を、一気に打ち破ることになったのが、桜田門外の変であった。安政七年三月に、大老の井伊直弼が暗殺されると、再び孝明天皇の対幕関係における優位が復活する。そして、以後、これは覆ることがなかった。

よく知られているように、井伊政権の後に成立した久世・安藤政権（老中首座の久《く》世《ぜ》広周《ひろちか》と老中の安藤信正《あんどうのぶまさ》が主導）は、朝廷（天皇）を幕府の上位に位置づけ、これと一体的な関係をきずくことで、井伊直弼の暗殺後、急速に弱まった幕府権威の回復を図ろうとした。そのため、同政権は、「蛮夷」にかかわる幕府の政策に天皇が「御不同心」であるのは、「御もっとも至極」だと受けとめていること、幕府においても、将軍をはじめ、政務を担当している者は、誰ひとりとして外国人との交易を好む者はいないと、天皇に迎合する姿勢をまず見せることからスタートする。

そして、久世・安藤政権の孝明天皇への迎合的な姿勢は、同政権が公武合体実現のために、天皇の実妹である和宮《かずのみや》の将軍家茂への降嫁を要請したことで、一段と救い難いものとなった。万延元年六月二十日、天皇は結婚をしぶる和宮の降嫁を認める交換条件を出す。それは、幕府がペリー来航前の「嘉永初年頃」の対外政策に戻せば、家茂との結婚に難色を示す和宮の説得に努めるというものであった。つまり通商条約どころか、和親条約すら認めない対外強硬論を条件として出した。

これに対し、幕府は、七、八年ないしは十年後には必ず通商条約を拒絶すること、および後々幕府がこの約束を反古《ほご》にすることはないことを誓う。そして、幕府側のこの回答に天皇が満足し、和宮の降嫁が決定をみる。

もっとも、天皇は、久世・安藤政権を信頼していなかったのであろう。九月に入ると、幕府が朝廷に提出した回答を、諸大名にも通達することを要求し、幕府をして、いっそう通商関係断絶の実施に追い込んでいこうとする。

天皇の民衆生活への配慮

ところで、このように、朝幕関係に劇的な急転回をもたらした万延元年は、わずか一年弱で終わり、再び改元が行われて時代は文久期に突入する。文久期に入ってからの孝明天皇の動向で、特筆すべきことが二点ある。第一点は、天皇がいわゆる人心に配慮する動きをみせ、それが幕府との新たな緊張関係を招くことである。

横浜・函館の開港後、民衆の生活を悩ますことになったのは、コレラの流行と物価の急激な上昇であった。コレラのもたらした惨害も相当なものだったが、物価の高騰は、コレラのような一過性のものとは異なって、民衆の生活を日常的なレベルで苦しめることになった。

こうした問題は、万延元年の時点ですでにあきらかとなり、多くの日本人の間では、通商条約の開始と関連づけられて、その原因が囁かれるに至る。そして、翌文久元年（一八六一）に入ると、白米・味噌・醤油・灯油・魚油・菜種油といった、民衆が日常必要とする品物の価格が、貿易の進展にともなうかたちで、また一段と高くなる。そのため、民衆の対外通商関係に対する強い不満を招き、以後、排外的な気分を色濃く民衆の間に浸透させていくことになる。

こうした民衆の動向を、いち早くキャッチしたのが、孝明天皇であった。天皇は、物価高で下層の民衆が窮迫していることを聴くと、文久元年の二月十一日、黄金五十枚を京都所司代にくだし、山城国（現・京都府）内の飢饉に苦しむ民衆を救済しようとした。そして、京都所司代にこの問題での適切な対応を求めた。

これに対し、幕府は、天皇が民衆に御手元金を出すことに反対し、この問題は幕府が全面的に責任をもって担当すると応えた。天皇の行為が大政委任の原則に反すること、民衆の間に天皇への敬慕の念が高まることをなによりも恐れてのことと考えられる。しかし、この後も、天皇は、十月段階で、幕府に窮民の救助を求めるなど、この問題に熱心な態度をとり続ける。

天皇の幕府人事への介入

文久期に入ってからの天皇の動向で、目につく第二の点は、天皇が幕府人事（ただし、京都に勤務する幕府役人に限る）にまで介入したことである。

文久元年十月の時点で、天皇は、京都所司代の酒井忠義が転役となるのを中止して欲しいこと、京都所司代の家臣である藤田権兵衛《ふじたごんべえ》と三浦七兵衛《みうらしちべえ》の両名を「御所向御用《ごしよむきごよう》御勤《おつとめ》」として欲しいこと、京都町奉行組与力の加納繁三郎《かのうしげさぶろう》の出世を望むこと、を幕府に要望する。そして、これらの要望を後に幕府は受け入れる。ついで、翌文久二年（一八六二）の二月には、老中が再勤となる場合は、前もって天皇の「御内慮」を伺うことを求めた。

天皇がこうした要望を幕府に対しておこなった理由は、幕府にあくまで通商関係の拒絶を約束させるためであった。すなわち、天皇は、それまでの人間関係にもよったであろうが、通商条約を拒絶したいとの自分の要望をよく知り、またそれを尊重することを表明した人物を身近におこうとしたのである。老中についてはむろん老中に再任される者を事前にチェックして、通商条約を是認する考えの者は、幕府首脳陣に加えまいとしたといえる。

そして、天皇のこの要望は、実際に幕府を拘束することになった。この年の五月二十三日に脇坂安宅が老中再勤となった際に、幕府から、前もって天皇の意向を伺わねばならなかったのだが、その時間的余裕がなくて決定に至ったとの釈明がなされたのもそのためであった。

長州藩の中央政局登場

さて、こうした孝明天皇の動向を前提にして、文久期に幕末政治運動の主役がいよいよ登場してくる。いうまでもなく、薩摩・長州の両藩である。

先に行動を起こしたのは長州藩であった。同藩は、文久元年の三月に、直目付の長《なが》井雅楽《いうた》が提唱した航海遠略策を藩論として採用する。これは、攘夷がもはやできないことを認めたうえで、幕府主導のもと、巨大な艦船を造り、遠く海外への雄飛をめざすという事実上の開国論であった。

長井は、欧米諸国との武力衝突を避け、開国に日本をなし崩し的にもっていこうとする幕府首脳と、それを絶対に阻止しようとする孝明天皇との対立で、膠着状態におちいっていた現状をなんとか打破しようと、こうした論を提唱したものと考えられる。

それは、言い換えれば、天皇（朝廷）に、外国人の日本進出をいかにして防ぐかという守りの発想ではなく、逆に諸外国にうってでて、外国人を日本に従わせるぐらいの攻めの方針でいかねばならないという、発想の転換を迫るものであった。

長州藩は、この海外雄飛論を朝廷が受け入れて幕府に命じ、幕府が受諾すれば、公武（朝廷と幕府）の合体がなり、人心が一定すると考えた。そして、同藩は、この長井のプランでもって、幕府と朝廷の双方に働きかけることで、中央政界におけるキャスチングボートを握ろうとしたわけである。

長井の論は、開国路線の幕府には、当然のことながら、すぐに受け入れられた。だが、京都ではそうはいかなかった。一時は調子よく事が運んだが、結局うまくいかなかった。藩内の攘夷派を含む反対運動と、なによりも孝明天皇の攘夷意思の前に、長州藩は航海遠略策を藩の方針として掲げ続けることができなかった。

同藩は、翌年の六月、長井を罷免し、ついで七月、航海遠略策から破約攘夷（条約を破棄して、攘夷をおこなう）に藩論を百八十度転換する。そして、以後、長州藩は、朝廷内にあって急進的な尊王攘夷論の旗頭をつとめた三条実美《さんじょうさねとみ》らと強く結びつき、尊王攘夷運動をリードしていくことになる。

薩摩藩の中央政局登場

他方、薩摩藩はどうであったかといえば、藩主島津忠義《しまづただよし》の実父で「国父」とよばれた島津久光《しまづひさみつ》が、藩兵一千名を引き連れて上洛してきたのは、文久二年四月のことであった。薩摩側がこのような思い切った行動をとるに至った背景には、同藩が前年の末段階から練っていた国家改造計画があった。それはどういうものであったか。以下簡単に説明する。

まず、薩摩側は、万延元年（すなわち井伊直弼が暗殺された年）以来、幕府独裁政治が破綻したとみた。しかも、それはもはや修復不可能だとみた。そのうえで、これからは朝廷と幕府が協力しあって、つまり公武合体で、国家の最高方針（これを当時「国是」といった）を定め、それに従って国政が運営されねばならないとした。

そして、こうした状況にもっていくためには、孝明天皇の同意（「非常の聖断」）をえて勅使を江戸に派遣し、幕府本体の改造をまず図らねばならないと考えた。すなわち、和宮降嫁問題などで衆人の反感を一身に集めていた老中の安藤信正を退け、代わって幕府の中心に有能な人材（具体的には前越前藩主の松平慶永や一橋家当主の一橋慶喜）を送り込み、改革を実施することが不可欠だとしたわけである。

と同時に、朝廷の改革も避けられないとした。そこで旧体制の象徴ともいうべき関白九条尚忠の解任と、安政大獄時に処罰されたままの中川宮や近衛忠熙などの復権が求められた。

島津久光

要するに薩摩側のプランは、幕府・朝廷双方の一定の改革のうえに、公武合体の実現をめざすものであったといえる。そして、薩摩側のこうした要求を朝廷が受け入れて、勅使大原重徳が江戸に派遣され、松平慶永の政事総裁職就任と一橋慶喜の将軍後見職就任がともに実現する（安藤は、それ以前の四月中旬段階で老中を辞任）。そして、その慶永・慶喜政権のもと、諸大名の参勤条件の大幅な緩和（江戸への参勤を隔年から三年に一度に改め、大名妻子の国元への帰国を許す）などの改革が一気に進展したことは、よく知られているところである。

「薩長」の時代

さて、文久期に入ると、このように薩長両藩が中央政界に本格的に登場し、ともに公然と政治活動を開始する。外様藩が幕府政治に介入することは固く禁じられていたが、両藩はそれをあえて無視して、公武間の周旋に乗り出した。その結果、それにつられるかたちで、土佐藩などの有力藩がぞくぞくと京都にやって来る。

当時、九州の小藩であった岡藩の藩士小河《おごう》弥右衛門《やえもん》の言葉を引用すれば、「薩長の間へわりこみ申さずては、上は勤王の業立ち申さず」という他藩の焦りを招き、「京都手入れ」と称された諸藩の周旋工作を加速させることになったのである。幕末政治史上において、薩長両藩がはたした画期的な功績のひとつは、まずこの点にあった。つまり閉塞状況にあった当時の日本に大きな風穴をあけ、新しい時代の到来をなかば強引に演出したのである。

そして、こうした両藩の活動は、「薩長の時代」「雄藩の時代」を招来することになる。敏感に反応したのは、圧力に極めて弱かった公家であった。公家はすぐに薩長両藩などに依存するようになる。一、二例を挙げると、文久二年五月七日、内大臣の久我建通は、老中の久世広周が上洛し、天皇を彦根に幽閉するとの極秘情報を入手して、議奏の中山忠能に薩長両藩の兵を京都周辺に配置する手筈を整えることを希望する。

また、江戸に派遣された大原重徳は、自分に随行してきた薩摩藩兵の軍事力を背景に、七月二十三日、老中を排除して、慶喜・慶永の両者を宿舎に招き、彼らとのみ相談する姿勢をみせた。そのため、「幕府を蔑視して不礼はなはだしと、閣老衆（＝老中）はじめ諸有司までも大いに憤激」する事態を招く。

ここには、彼ら公家が力の強いものにすがろうとする習癖とでもいうべきものが如実に出ている。そして、それは薩長両藩を特別視することにもつながった。現に京都ではそうなった。

なお、この点との関連で注目すべきは、京都の民衆の間に、薩長両藩を讃える薩長信仰とでもいうべきものが高まることである。たとえば、文久二年の九月と十月にあいついで町中に張り出された札には、「今度、薩長の御両侯（＝島津久光と長州藩世子の毛利《もうり》元徳《もとのり》）……上京……当年は米穀下直にあひなり、いよいよ世柄も立ち直り、諸民万歳を唱ふ」「西国の御大主様方（＝久光と元徳）御熟志をもつて、その病根を打ち払ひ遊ばされ、下々の悦《よろこ》ぶ事、限りなし」とあった。

これには、当時京都にやってきた薩摩・長州両藩士（それに土佐藩士も加わる）が米屋や酒屋などを回り、商品をどれくらいで仕入れ、売却したかを問い質すかたちで、商人にプレッシャーをかけ、物価を下落させた動きも当然反映されたものと思われる。つまり、こうしたいわば草の根の活動を展開することで、薩長両藩が庶民の熱烈な支持を獲得していったことは軽視できない。

「奉勅攘夷」体制の成立

さて、「薩長の時代」「雄藩の時代」に突入してからの孝明天皇の動向だが、薩長両藩などの行動はむろん天皇の攘夷意思を抑制することにはならず、逆にその発言をよりいっそう助長することになったといえよう。天皇は幕府へ攘夷決行を促すうえで、両藩などの行動を援兵ととらえたからである。そして、その天皇の圧力のもと、幕府が勅（天皇の攘夷意思）を奉じて、攘夷をおこなうことを堅く約束する、いわゆる「奉勅攘夷」体制が成立することになる。その過程を、ごく簡単に振り返れば、次のようなことになろうか。

文久二年五月、天皇は、「もし幕府、十年内を限りて、朕が命に従ひ、膺懲《ようちょう》の師（＝外国人をうちこらすための出兵）をなさずんば、朕実に断然として……親征せんとす」と宣言する。ついで、この月の十一日には、幕府と朝廷内の「奸吏」「奸徒」、つまり悪い役人をともに誅し、そのうえで将軍が大小名を率いて上洛し、国家の方針を攘夷に定めることを求める。

もっとも、五月十五日に、三条西季知《さんじょうにしすえとも》や徳大寺実則《とくだいじさねつね》ら公家二十四名から、連名で、挙国一致での攘夷の実行と、従来の「深宮」に鎮座しまます天皇ではなく、「群臣有志の輩」をひきいて行動する政治君主となることを求められると、すぐに天皇は一転して、事態が過激な方向にいくことを押しとどめようとする。すなわち、天皇は、「いささかも徳川を外に致し候所存は毛頭もこれ無」いこと、「関東と一に成りて、蛮夷を拒絶のつもりに候」ことを強調したのである。

このように孝明天皇には江戸幕府が支配の頂点に位置するいわゆる幕藩体制なるものを否定する気持ちがまったく無かったが、そのことを改めて天皇が表明しなければならなくなるほど、公家の政治意識が高まってくる。そして、こうした事態の到来を招いたのは、いうまでもなく、孝明天皇その人であった。

さて、このように天皇・公家双方の攘夷決行に向けての「戦意」が高まる中、五月二十二日に、先程もふれたように、勅使に任命された大原重徳が、島津久光を従えて京都を出発するが、天皇の認識では、勅使の派遣は、幕府を立ち直らせ、攘夷を成功に導くために不可欠の前提条件として位置づけられていた。

そして、江戸にくだった大原重徳が、「攘夷の勅語」をふりかざし、幕府首脳に攘夷の実行を迫り、幕府側が、それに絶え間のない譲歩を余儀なくされていくことになる。

閏八月二十二日の幕議で参勤交代制の改革が決議され、ついで閏八月から十月にかけて、天皇の意向（叡慮）を受けて、井伊政権時に処罰を受けた旧有志諸侯（故徳川斉昭・同慶勝・山内豊信《やまうちとよしげ》）の復権がなされ、慶勝・豊信両名の幕政への参与が命じられる。

そして、十一月には井伊政権時に要路にあった幕府指導者の処分がなされ、十二月に入ると、武家伝奏の就任に際して、従来おこなわれてきた幕府に血誓を提出するという慣例と、関白など朝廷高官の任免に際しては、幕府に事前に同意を求めるという慣例が、ともに廃止される。また十二月十五日には、水戸藩に対して戊午《つちのえうま》の年（安政五年）に下った内勅を朝廷に返さないでいいとする通達がなされる。

これら一連の措置は、従来の幕藩制国家のあり方を幕府自らが否定した「異例の措置」に他ならなかった。そして、この間、十二月五日には、将軍家茂が、大原勅使に続いて江戸に下った三条実美勅使に対して、勅を奉じて攘夷をおこなうことを承諾し、ついで官位（正二位内大臣）を幕府失政の責めを負うとして一等（一ランク）下げることを幕臣に宣告する。官位の一等辞退が、幕府の朝廷に対する低姿勢のいわば総仕上げ的な意味をもったことは言うまでもない。

そして、十二月十三日には、幕府から諸大名に対して、攘夷の実行を命じる勅書が下ったので、「銘々の策略」を聞きたいこと、および「見込み」を巨細に認《したた》め、来年二月の将軍徳川家茂の上洛前までに幕府に提出せよとの通達がなされる。

「京都の幕閣」と「江戸の幕閣」

以上、孝明天皇の動向を中心にして、文久元年・同二年の政治状況を簡単に振り返ってみたが、翌文久三年に入ると、一段と大きな変化がみられるようになる。その最たるものは、政治の中心が江戸から京都に移り、幕府権力の失墜が決定的となることである。

この点に関しては、三宅雪嶺《みやけせつれい》がその著書である『同時代史』の第一巻に、「文久三年は政治の中心が既に京都に移り、江戸は行政事務を執行すべき出張所の観を呈し、幕府が事実上に政権を朝廷に返上せると異なら」なくなったと記しているが、これは的を射た指摘だと思われる。

そうなるに至った要因のひとつは、将軍徳川家茂の上洛であった。文久三年三月に上洛した家茂は、六月に退京するまで、京都にあっていわば人質同様の状態におかれる。そして、孝明天皇から長く京都にとどまり警護にあたることを要請される。また攘夷の督促を受けつづけ、五月十日を攘夷決行日として受け入れるなど、攘夷を拒否できない状況にいっそう追いやられる。

そのため、注目すべき事態も起こる。幕府が二極化、つまり「京都の幕閣」と「江戸の幕閣」に分裂するのである。京都では、将軍以下諸役人が、いや応なしに孝明天皇の攘夷意思を尊重することになった。すくなくとも、そのような姿勢をとらざるをえなくなった。ところが、江戸の老中や諸役人は、京都と遠く離れて直接的なプレッシャーを受けないうえに、日常的に欧米人と接触して、その文明の力量を熟知しているから、とうてい通商条約の破棄などできないと考えていた。

だから、君（天皇）の命令よりも、当時の言葉でいえば「社稷《しゃしょく》」つまり国家のほうがより大事だとする立場から、京都の命令を拒否した。それが、文久三年五月八日の夜に、一橋慶喜が京都から江戸に帰り、翌日実兄である水戸藩主の徳川慶篤《とくがわよしあつ》とともに登城して、攘夷の勅旨を伝達した際、江戸の老中・諸役人による拒絶となって表れた。

また、それだけにとどまらず、やがて老中格の小笠原長行《おがさわらながみち》をして、京都政界から過激な攘夷派を排除するために、京都におもむくことを決断させ、実行させるに至る。むろん、これには江戸の老中・諸役人中の有志の熱烈な支持が寄せられた。

ところが、小笠原の率兵上洛は、京都にいた将軍や老中の承認を得るどころか、まったく彼らには知らされていなかった。江戸の老中や諸役人の一存でおこなわれたのである。ここに文久三年当時の幕府が置かれるようになった二極化の実態が、鮮明に反映されたといえる。

そして、さらに付け加えると、小笠原は六月一日に大阪に到着し、ただちに上洛をめざすが、「京都の幕閣」および京都守護職の松平容保《まつだいらかたもり》などの反対にあって失敗し、六月九日に小笠原は朝命によって罷免される。老中の処罰が最終的には朝命によっておこなわれたのである。このことは幕権の失墜をなによりも端的に表すことになった。

尊王攘夷派の京都追放

なお、文久三年の政治状況の大きな特色としては、他にも攘夷の実行を求める嵐が、孝明天皇の許容範囲を超えて吹きまくり（暴走化し）、結果として文久政変（文久三年八月十八日のクーデタ）を引き起こしたことが挙げられる。

日本から外国人を追い払えという尊王攘夷運動は、朝権の伸張と幕権の衰退を背景に、この年最高潮に達する。先頭に立ったのは長州藩であった。同藩は、文久三年五月十日、すなわち攘夷の決行日とされた日に、下関海峡を通航中の外国船に対して砲撃を加え、攘夷を実際におこなってみせた。

そのため、京都（朝廷）における同藩の評価が一段と上昇し、長州藩主に征夷大将軍を命じる朝命がくだるとの噂すら流されるに至る。そして、この後、勢いをえた尊攘派による、天皇を大和（現・奈良県）に担ぎ出して、そこで諸大名にじかに勅諭を発し、攘夷を実行しようという親征計画が立案され、まさに実施に移されんとする。そこで、たまりかねた公武合体派（朝廷と幕府の協力体制の維持をあくまで優先しようとの考えにたつ）が、同年の八月十八日に、尊攘派を京都から追放するためクーデタをおこなった。

ところで、この文久政変は、長州藩を筆頭とする尊攘派の京都追放が、幕府自身の手ではなく、薩摩・会津両藩、および孝明天皇とその信任の厚い中川宮のイニシアチブによってなされた点に特色があった。すなわち、幕府自身がもはや問題を自力では解決しえなくなっていた（言い換えれば、政権担当者としての機能をはたせなくなっていた）ことを、白日のもとに、さらけ出すことになったのである。

そして、皮肉なことに、クーデタによる急進尊攘派の京都からの追放は、攘夷意思を捨て去ったと思われることをなによりも恐れた孝明天皇に、かえって攘夷の実現を急がせることになった。それが、クーデタ直後の八月十九日と二十五日に、それぞれ幕府と諸藩に、攘夷の決行を督促する叡慮となって顕れる。

新国是

ついで、文久政変後の政治状況の第三の特色として挙げられるのは、将軍が再度上洛し、諸大名や有志と話し合って、国の新しい方針（「新国是」）を確立することを求める声が高まることである。尊攘派が息をひそめねばならなくなったこの段階で、もし将軍が速やかに再度上洛し、有力諸侯と協調して、孝明天皇の説得にあたったならば、あるいは攘夷ではなく、開国方針にもとづく新しい国是がこの段階で樹立されえた可能性も決してなかったとはいえない。

現に、幕臣の大久保一翁などは、文久三年十一月五日の時点で、諸大名のなかで攘夷論に固執しているのはわずか四、五名であること、しかも君臣が一致して攘夷論にこりかたまっている藩は一つもないとみていた。また、島津久光などは、天皇へ攘夷が不可能なことを言上し、説得することに意欲をみせていた。だから、可能性がまんざら無かったわけではないのである。

ところが、江戸の老中・諸役人の間に、将軍の再度の上洛に強く抵抗する意見があったため将軍の上洛が遅れたこと、「参預会議」が空中分解（文久三年十二月から翌元治元年一月にかけて、一橋慶喜・松平慶永・松平容保・山内豊信・伊達《だて》宗城《むねなり》・島津久光が「参預」に任命され、国事を彼らが討議する制度が発足したものの、横浜鎖港の是非と長州藩の処分をめぐって参預の間に意見の対立が生じ、解体）したことによって、これは未発の可能性に終わった。

第七章　一会桑の登場と孝明天皇

天皇の代弁者

さて、前章まで、孝明天皇の動向を中心に、文久期に至る政治状況の特色をみてきた。これまでの拙い説明でもなんとか、幕末の政局が孝明天皇の攘夷意思をいわば軸として展開されたことが、理解してもらえたのではないかと思う。

ところが、文久期が終わり、元治元年（一八六四）に入ると、私の眼には、孝明天皇の姿が、以前ほど表だって現れないように見える。すくなくとも、天皇自身が、先頭にたって取り仕切るという場面が減ってくるように思える。

私は、これは、天皇が代弁者を見いだしたことによるのではないかと考えたい。つまり、天皇自身が声高に、攘夷実現の希望を叫ばなくてもよくなる政治勢力が登場して、天皇がそれに依存することが多くなったことが、こうした事態をもたらしたのではないかと見るわけである。

では、孝明天皇が自己の代弁者とみた政治勢力とは何であったのか。私は、これを

（上）禁裏御守衛総督・一橋慶喜
（下）京都守護職・松平容保

一会桑の三者だと考える。

ところで、一会桑という言葉であるが、これはまだ一般的には認知されていない馴染みのない言葉かと思う。そこでごく簡単な説明をすると、一会桑とは、一橋慶喜、会津藩、桑名藩の頭文字をそれぞれとってネーミングしたものである。この三者は、元治元年の時点で京都に揃いぶみをする。

先陣を切ったのは、会津藩であった。文久二年閏八月一日、会津藩主の松平容保が、新設ポストの京都守護職に任命される。これは、それまで京都の治安維持にあたっていた京都所司代ではどうしようもなくなった状況（攘夷運動の高まりによるテロの横行など）の到来を受けて、幕府が親藩で強大な軍事力をもつ会津藩の力をもって、なんとか苦況を打開しようとして設けたポストであった。

松平容保の京都守護職就任にあたっては、会津藩内にも猛烈な反対意見が渦まいたが、結局、容保は引き受けた。そして、よく知られているように、会津落城に至る悲劇の幕が切っておとされることになる。松平容保の一行は、文久二年の十二月も押しつまった頃、京都にやってきて、浄土宗の黒谷《くろだに》光明寺に居を構えた。

続いて、一橋慶喜が、自らの希望で将軍後見職を罷めて、元治元年の三月に、禁裏御守衛総督・摂海防禦指揮なるポストに就く。そして、翌四月に、松平容保の実弟で、桑名藩主の松平《まつだいら》定敬《さだあき》が、京都所司代となる。ここに一会桑の三者が京都に勢揃いすることになったのである。

松平定敬（写真は明治期）

一会桑と幕府

この三者の動向に関しては、かつては幕府側の動向として、一括してとらえられてきた。つまり彼らの独自性はほとんど認められず、極論すれば、江戸の将軍・老中・諸役人と同じ考え・立場に立って、幕府側の利害を京都にあって代弁した存在だとされてきた。別の言い方をすれば、江戸の幕府が、京都に送りこんだ幕府の代理人だとみなされてきた。

もちろん、そうした面は、当然のことながら、十分に認めねばならないであろう。一会桑三者の権威の源泉が幕府にあることはいうまでもないからである。しかし、そうかといって、この三者の動向を、幕府側の動向として説明しきれるかというと、そうはいかない。やはり、一会桑の三者が江戸を離れて、京都に乗りこんできたことのもつ歴史的意義は、大きかったといわねばならない。

なぜなら、一会桑の三者が、たとえ江戸で老中や諸役人と同じことを考えていたとしても、京都に実際にやってくれば、江戸で考えていたことをそのままやれるはずがないからである。まず京都には個性的な孝明天皇がいた。そして、その天皇のもと、関白以下の公家がいた。さらに、日本各地から、藩主と家臣団、それに浪人が続々と集まってきていた。これらの人々と、日常的に付き合い、接触を深めていく中、江戸の老中や諸役人の考えとは違う、独自の選択をせざるをえなくなることがしばしば起こってくる。

そのうえ、当時は、いまのように、情報網が整備され、互いの意見が短時間で正確に伝わる時代ではむろんなかった。江戸と京都の間は、普通に旅すれば二週間ほどかかる、遠い遠い、いわば異国といってもよい関係にあった。当然、一会桑の三者と、江戸の老中等の間に、互いの内情が解らないために意思の疎通を欠き、衝突が生じたのも、無理はなかったのである。

一会桑と天皇

ところで、その一会桑三者だが、彼らの京都での活動を考えるうえで、やはり特別の意義を有したのは、孝明天皇という強烈な攘夷意思を持つ天皇と出会い、接触を深めるようになったことだと思う。

そして、孝明天皇と一会桑三者は、やがて互いを必要不可欠の存在として認め合い、深く依存する関係に入る。すなわち、一会桑の三者は、孝明天皇の攘夷意思を尊重し、他方天皇の方は、一会桑の三者に自己の代弁者としての役割を積極的に見いだしていく。最初から攘夷志向が強かった会津藩関係者はともかく、一橋慶喜なども京都に定住するようになると、当初の開国論はどこへやら、天皇（朝廷）の攘夷実行の要請に同調するようになる。

その結果、先程書いたように、孝明天皇の考えが、その攘夷の意思も含めて、以前ほど激しく表明されなくなったところに、元治年間以降の天皇にかかわる政治状況の最大の特色があると私は考えている。

しかし、こうした一会桑三者のあり方は、孝明天皇の度重なる督促にもかかわらず、攘夷を事実上拒否し、なし崩し的に開国路線を推し進めようとした江戸の老中や諸役人との対立をやがて招くことにもなる。また、鎖国体制の打破を決意した越前藩や薩摩藩などの雄藩との衝突も、深刻なものとなる。そして、公然と攘夷主義を掲げて中央政界に乗りだしてきた長州藩とはライバル的な関係となる。

こうした運命を一会桑の三者は当初から抱え込んだといえよう。しかも問題を複雑にしたのは、一会桑の三者(なかでも一会両者)の立場と思惑がまたそれぞれ違ったことである。これがまた、幕末の政局をいっそう複雑なものとしていくことになる。

会津藩の動向

さて、こうしたことをまず前提として記したうえで、これから、入洛して以後の一会桑三者(なかでも一会両者)の具体的な動きを追うことにする。

まず、一会桑三者の先頭を走る形となった会津藩だが、藩主松平容保が京都守護職に任命されてからの同藩の動向に関して際立つ特色は、当初から孝明天皇(朝廷)の要求を積極的に受け入れようとする姿勢がめだつことである。

たとえば、京都守護職任命の翌月にあたる文久二年の九月に、江戸城で開かれた閣議の席で、松平慶永が破約論（一度条約をご破算にして、諸大名と話し合ったうえで、新方針を決めようとの意見）を提案し、町奉行の小栗忠順《おぐりただまさ》らがそれに強硬な反対を唱えた際には、容保は朝廷の攘夷要請を拒むのは尊王の大義に反すると憤激する。

ついで、大原重徳に引き続き、幕府に攘夷を促すために江戸に派遣されることになった勅使の三条実美から、前もって江戸に行き、勅使の待遇改善（勅使の送り迎えなどに関して、しかるべき礼儀をたてろというもの）について斡旋することを求められると、積極的に動く。そのため、老中の板倉勝静《いたくらかつきよ》から、武家伝奏より京都所司代を経て幕府に通達するという例規を無視した行為だと強く非難されるに至る。

そして、入洛後の文久三年五月から六月にかけて小笠原長行の率兵上洛問題で、朝廷がパニック状態におちいった際には、天皇（朝廷）の意を受けて、桑名藩とともに小笠原の上洛阻止に努め、それを達成する。在江戸の老中水野忠精《みずのただきよ》によれば、小笠原の率兵上洛を阻止したのは会桑両藩であった。

そして、会津藩は、やがて長州藩を筆頭とする尊王攘夷派と抜き差しならない深刻な対立関係に入り、その結果、文久政変が起こる。続いて、文久政変後、会津藩は尊攘派の憎しみを集め、集中砲火に近い批判を浴びることになっていく。

こうして、苦境に立たされることになった会津藩を救ったのは孝明天皇であった。文久政変後、朝廷での会議は、天皇の座前で催されることになったが、天皇はこのことを取りあげ、文久三年十二月三日の時点で、中川宮に送った宸翰で、「八月十八日已来《いらい》は、すべて朕座前においての評決にあひなり、深く安心候」と、文久政変を肯定してみせたのである。

一橋慶喜

他方、文久政変後に京都に定住するようになった一橋慶喜の動向だが、慶喜の人生において目につくのは、彼の活動が本格化するのが、この京都時代だということである。それまでの慶喜は、将軍継嗣問題で表舞台に登場した際がそうであったように、自らの意思ではなく、第三者の活動の結果、いや応なしに時代の主人公にさせられた面があった。将軍後見職への就任もその点では同じであった。彼は、薩摩藩と朝廷の圧力のもと、気がつけば、将軍後見職にされていた。

こうした一橋慶喜の登場の仕方は、彼に独特の対応を強いることになる。それは、余程のことがない限り、自らの意思をハッキリとは表示せず、常に消極的な態度を持することであった。むろん、これには、慶喜が父徳川斉昭（ひいては自分）に対する江戸の老中・諸役人・大奥の強い反発を常に意識していたということが大きくかかわっていた。そのため過度とも思える遠慮が存することになった。

しかし、京都にやってきてから以後の慶喜には、そうした遠慮が後ろに退き、彼本来の主体的な動きが見られ始めるように思われる。そして、彼の思想の根源にあった尊王の考えが、遺憾なく発揮されるようになったとも見える。その最初の表れは、参預会議の席においてであった。

すでに触れたように、参預会議は、朝幕双方の合意によって国の方針を開国に転ずるまたとない機会であった。現に参預に任命された松平慶永と島津久光の両名は、孝明天皇の前で（むろん御簾ごしではあったが）、勇を奮って開国の必然性を言上した。これに対し、慶喜は、松平容保とともに攘夷の立場（横浜鎖港の実施）を堅持し、最終的に参預会議を空中分解においやった。

幕府の朝廷尊奉策と横浜鎖港

この一会両者の言動にはさまざまな憶測がくだせるが、すくなくとも一会の両者はこのことで孝明天皇の攘夷の意思に忠順であることを改めて表明することになったといえよう。そして、この間、元治元年二月二十八日には、一橋家の臣である平岡円四《ひらおかえんし》郎《ろう》と黒川嘉兵衛《くろかわかへえ》の呼びかけで、薩摩藩の高崎猪太郎《たかさきいたろう》や越前藩の中根雪江《なかねゆきえ》らが、中川宮家諸大夫の武田信発《たけだのぶあき》の家に集まり、朝廷を尊奉するための具体案について話し合いをおこなう。ついで、これを受けて、三月中旬頃から、幕府の朝廷尊奉策が一橋慶喜および在京中の老中らの間で協議され、具体化していく。それは、天皇・朝廷と諸藩の接触を否定しようとする、幕府中心の朝廷尊奉策であったが、慶喜は幕府が朝廷を敬う体制を早急に形として表そうとしたといえるであろう。

そして、四月十三日に、関白の二条斉敬・中川宮・前関白の近衛忠熙らが参内して、幕府へ大政を委任することが改めて評議決定される。これは、こうした慶喜の朝廷尊奉の姿勢が天皇・朝廷に高く評価された結果でもあった。

さらに、このあとの朝廷にかかわる状況を追加的に書き足すと、四月二十日に、二条関白から、文久三年十月以来松平慶永にかわって政事総裁職に就任していた松平直《まつだいらなお》克《かつ》（川越藩主）などに対して、横浜鎖港他を命じる聖慮が伝えられ、同月二十九日に将軍の徳川家茂が参内して、これに対する請書を提出する。

ここに形のうえでは、朝幕双方の合意のうえに攘夷（横浜鎖港）をおこなうことが決定をみたのである。が、こうした合意は、一八六四年（元治元）の七月に太平天国

（第一次アヘン戦争の直後に中国南部で発生した民衆による大反乱。一時は南京に都が置かれた）が崩壊したことで中国での難局を乗り切ったイギリスが、やがて香港から撤兵し、横浜がいよいよ香港に代わってイギリス軍の東アジア最大の駐留地となっていく中、日本の立場をよりいっそう危険な状況においやることになった。

一会の対立と禁門の変

さて、このように、京都に登場した当初から孝明天皇の攘夷の意思に忠順であろうとした一会の両者であったが、両者は初めから協力関係にあったわけではない。両者の尊王攘夷派に対するスタンスと幕府首脳との関係のあり方に、大きな相違があったからである。このことは、禁門の変（蛤御門の変）前に集約してあらわれる。

禁門の変は、よく知られているように、元治元年の七月十九日に勃発したが、その前月にあたる六月初旬段階から、京都と江戸の情勢が風雲急を告げだす。まず江戸では、六月三日の早朝、政事総裁職の松平直克が登城し、将軍家茂に対して強烈なことこのうえない要請をおこなった。

それは、攘夷の勅旨を受けて四月末に帰府して以来、もっぱら横浜鎖港の実現に向けて尽力してきたが、老中・諸役人の非協力にあってそれが達成できないと強い不満をもらしたうえで、老中の酒井忠績《さかいただしげ》・板倉勝静や諏訪忠誠《すわただまさ》などの厳罰を要求するものであった。そして、この松平直克の爆弾発言を受けて、酒井忠績以下の老中と諸役人が出勤を停止する事態が生まれる。

一方、京都においては、朝幕双方の合意によって横浜鎖港の実現をめざすことが正式に決定をみたため、長州藩の再登場を望む声が一気に高まってくる。六月には、「長宰相殿（＝長州藩主の毛利敬親《もうりたかちか》）上京にて、攘夷一決つかまつるべし哉と、市中大評判」となる。そして、この六月の五日には、会津藩配下の新撰組による尊攘派志士の殺傷事件として名高い池田屋事変が発生する。

池田屋事変の発生は、長州藩士の吉田稔麿などが殺されたこともあって、文久政変後たまりにたまっていた会津藩に対する長州藩士の反発を一気に呼び起こし、同藩兵の上洛の動きを加速させることになった。すなわち、六月下旬に益田右衛門介《ますだうえもんすけ》・福原《ふくはら》越後《えちご》・国司《くにし》信濃《しなの》ら三人の家老の率いる長州藩兵が上洛し、嵯峨野などに留まることになる。そして、対象を会津藩にしぼった徹底した攻撃をおこない、朝廷に会津藩と戦うことの許可を求めた。

このような長州藩兵の会津藩攻撃に対して、諸藩レベルでは、因幡（鳥取）・備前（岡山）・芸州（広島）・筑前（福岡）・対馬などの諸藩が熱烈な支持を表明した。公家の多数も長州藩を支持した。また、京都に住む民衆の多くは、長州藩に対して概して好意的であった。

六月下旬から七月上旬にかけての、京都市中の様子を伝える平田派国学者などの書簡に、京都では「会津勢を憎」んでいるので、戦争になれば会津藩は孤立するであろうと皆が噂しているとか、京都の民衆が会津藩を憎むあまり、「長人の上京を神仏のごとく評説」しているとあったことが、なによりもそのことを語っていよう。

そして、幕府側も、どうやら積極的に会津藩を援護する姿勢はみせなかったらしい。一例を挙げると、禁門の変前、洛西にある光明寺（現・長岡京市）に、長州藩士が宿舎を借りに来た際、同寺は、幕府側にこの件への対応の指示を伺いでたが、幕府関係者は、「知りて知らざるてい」つまり「知っていながら知らない」かのような素振りをみせたという（『長岡京市史』資料編二）。これには、当時、江戸の幕閣が混乱していて明確な指示を出しえなかったことも大いに関係していたのであろうが、それにしても冷たい対応ではあった。

慶喜の対応

会津藩寄りの姿勢をみせなかった点では、一橋慶喜も同様であった。当時の慶喜は、長州藩と対決しなければならない状況ではなかったからである。彼はもともと孝明天皇の意思を尊重して攘夷を奉じた点で、長州藩主と共通の土俵に立ちえた。また、文久政変時には、京都を離れていて、薩会両藩による長州藩兵の京都追放には手を貸さないですんだ。それ故、文久政変後も、細いながらも、長州藩主とのパイプラインが通じており、手紙のやりとりもあった。また、彼は、実家の水戸藩からかなりの数の兵士を借り受けたが、この連中は大概攘夷主義者で長州藩寄りであった。

こうした自分の置かれた状況を考えれば、慶喜は禁門の変前の時点で、なにも会津藩寄りの姿勢をみせる必要はなかったのである。そのため、慶喜は、当然のことながら、禁門の変直前、長州藩兵が上洛して来ると、会津藩とその対応の如何をめぐって対立することになった。

会津藩の立場は、これはハッキリとしていた。「近国（の）大小名ども召し呼ばれ、このうへ朝命台命あひ用ゐず候はば（すなわち、長州側が退京を承諾しないならば）、やむをえず征討致し候ほか」ないと固く決心していた。そして、松平容保は病気をおして、皇居内の凝華洞《ぎょうかどう》に、皇居の警衛を名目にたてこもった。ところが、慶喜は、「理を尽」くして長州側を説得することをとにかく主張して譲らなかったから、両者は対立せざるをえなかったのである。

このように、禁門の変直前、会津側は絶望的なほどの孤立無援状態に追いつめられた。こうした状況におちいった会津藩に、最後の最後の段階で助け舟を出すことになったのが、薩摩・肥後・土佐・久留米の四藩と孝明天皇であった。なかでも、孝明天皇のそれは会津藩にとってまさに起死回生の援護となったといってよい。

天皇の会津藩援護

まず六月二十一日の夜、孝明天皇は、会津藩が主謀者となって引き起こされた文久政変を改めて是認する。つまり会津藩を援護する叡慮を関白以下に示した。これは、いうまでもなく、会津藩にとってカンフル剤に等しい有り難い叡慮となった。

このことを的確に伝える書簡が残されている。元治元年七月三日付で、土佐藩の京詰留守居であった中島小膳《なかじましょうぜん》から、国元の寺村左膳《てらむらさぜん》と吉村寅治に宛てて出された報告書である。そのなかで、中島はおおよそ次のように報じた。

〈去月（＝六月）二十一日の夜とか……叡慮が明らかにされた。……同時に、十八日の政変は、京都守護職ゆえ松平容保に対応を任せたといった趣旨の「ありがたき御書取（＝宸翰）」が下り、関白をはじめ一橋慶喜などにも示された。……また、天皇の御気持ちには、文久政変以来なんら変わりが無いことも表明された。他藩のことなが

ら、「会津侯方」においては、「御安堵、いよいよ御勉励の御事」と思う（下略）〉

ついで、孝明天皇は、参内した慶喜に対し、長州藩士が京都から退去せよとの説諭に服さない場合は、ただちに追討せよとの綸旨《りんじ》を出す。そして前後して天皇は、長州藩の歎願を許容するか否かは、しばらくおき、かねてから入洛を禁じているにもかかわらず、武器を携えて多数の兵士が入洛し、不穏な「所業」をおこなっているのはけしからんと、激しい長州藩批判の言辞を露《あらわ》にする。孝明天皇は、苦境にあった会津藩を徹底して救ったのである。

そして、七月三日夜には、長州征討を命じる朝命をくだした。ところが、これに対し、慶喜は江戸の政情不安を挙げて、朝命にもかかわらず、すぐには受諾しなかった。

その慶喜の態度がようやく対長州強硬論（説諭断念）に固まるのは、禁門の変前日の七月十八日のことであった。そして、そのように慶喜をして決断させ、あわせて最終的に禁門の変を長州藩の敗北に導いたのは、孝明天皇であった。この日の夜、天皇は長州側を賊と断定し、追討を命じる勅命を改めて慶喜にくだしたのである。それは、七月二十一日付で国元に送られた在京土佐藩士の報告書に、「因備、内応の懸念鮮（＝少）なからざる処、如何にも天威の有り難き処、前夜一橋公玉座の下において、賊討の勅命下り、それより衆心もあひ定まり（後略）」（因幡・備前の両藩が、長州藩に加勢するのではないかという懸念が少なくなかったが、孝明天皇が、前夜、一橋慶喜を玉座近くに呼んで、長州征討を命じ、それで方針が確定した）云々とあったように、状況を決定的に変えるものであった。

そして、これは、いうまでもなく、「これまで衆議紛々、長州の歎願を助力致し候藩多し」という状況のなかにあって、会津藩の苦境を最終的に救うことになった。ここに、長州藩の行動が、「朝敵の名分瞭然と」なり、勝敗の帰趨が実質的についたといってよいであろう。

第八章　一会桑の朝廷掌握と孝明天皇

長州びいきの京都民衆

元治元年七月十九日に勃発した禁門の変は、戦闘そのものは一日で終わったものの、二十一日朝にまで及んだ火災で、京都市中の大半を焼くという惨憺たる結果をもたらした。ところが、驚くことに被害にあった民衆の多くは、怒りをもともと攻撃を仕掛けた側である長州藩にではなく、会津藩への憎悪というかたちで吐き出したのである。

いま我々が眼にすることのできる多くの史料には、そのことが鮮明に映し出されている。たとえば、長州藩の追討を朝廷が許可してくれないので、会津藩が勝手に長州藩を襲ったとか、京都市中の焼亡は、「もつぱら会津に焼かれ候」という説が「満街」、つまり街中に満ちているといったことが記されている。そして、むろん、こうなったのは、「京都にては、会津をことの外、諸万人」が「あひうらみ居り候」という状況があったからである。

京都民衆の会津藩への反感の背後にあったのは、攘夷（下関戦争）を決行した長州藩への共感であった。横浜開港以来、日用品（油・薪・炭・綿・糸・紙など）の高騰が続く中、民衆の間には、排外行動に立ち上がった同藩に拍手喝采するムードが漂っていた。

しかも、それは文久政変後も変わらなかった。政変直後の九月頃の「流行うた」に、「下の関さつき（＝五月）十日の其夜にまぎれ、あめりか舟をば打払ふ、あまた大名はあるけれど、攘夷々々は口ばかり、とんと長州さんが打はじめ、高名手がら〳〵（下略）」とあったように、民衆の長州支持のムードは一向に衰える気配がなかった。

こうしたムードが支配的であったからこそ、禁門の変で、長州藩兵が敗北し、彼らが逃走の過程で落命すると、その死を悼み、彼らの墓に詣でる、いわゆる「残念さん」信仰なるものが爆発的な広がりをみせるのである。

そして、禁門の変後、民衆の反会津感情をさらに高めることになったのが、会津藩による、落武者捜しの過程での、その残虐行為であった。禁門の変当日の七月十九日に、「薩・会の所置」が「暴に過ぎ、すこぶる正中（＝適正）をえざるものあり」とその日記に感想を綴った勝海舟は、さらに同月二十三日、「聞く、京地（＝京都）にて会藩、生捕りの者、残らず斬首と云う。……或いは私怨に出ずるか」と憂慮を表明した。

幕臣の海舟が、このように日記に書かざるをえなかったほど、会津藩による落武者狩りとその後の対応が酷い様相を呈し、それが民衆の長州藩士への判官贔屓と、会津藩への憎悪をいっそう招いたのである。

一会の協調関係

ところで、禁門の変後の政治状況の大まかな特色であるが、これは次の諸点に求めることができよう。

その第一は、従来ぎくしゃくとした関係にあった一会両者の間に、初めて協調関係が成立することである。すなわち、禁門の変後、一橋慶喜の姿勢が対長州強硬論で一貫することになり、会津側と友好的な関係に入る。ただその関係は、少々変則的な形をとることになった。というのは、当時、会津藩主の松平容保は病弱で指揮をとることができず、家老と公用方に京都守護職および藩政の実権が委任されることになったからである。

なお、ここで会津藩の公用方についてごく簡単に説明しておきたい。藩主松平容保一行の上洛からほぼ二週間後の文久三年一月七日に、会津藩の公用方が京都に設置される。これは、京都守護職の仕事が複雑多岐にわたったために、藩士が手分けして職務を分担せざるをえなかったためである。

なにしろ、京都守護職は、京都および非常時の畿内の警固にかかわる全ての問題にタッチせざるをえなかったから、一局を新たに設置して集団で問題を処理しなければならなかったのである。

そして、公用方の最も基本的で重要な仕事だが、これは、藩主松平容保の諮問を受けた事柄に関して評議をおこない、そこで出た結論を家老に言上したあと、家老ともども容保の面前に出て報告し、決裁を仰ぐことであった。また、場合によっては、公用方としての独自の意見を具申することもあった。そして、公用方は、やがて会津藩が直面した諸問題全般に深くかかわるようになり、その結果、京都にあって、藩の実権を握っていくことになる。

さて、そうした仕組みができあがっていた中、禁門の変後、在京家老と公用方に実権が移ることになったのである。

元治元年八月二日付で江戸の会津藩邸に送られた、京都在住の同藩指導者の書簡によれば、容保は、禁門の変時の無理がたたって、その病弱ぶりがいっそう進行し、こみ入った仕事にかかわったり、長い話を聞かされたりすると、その後、明らかに体の具合が悪くなったらしい。そのため、賞罰等の重大事を除き、すべて在京家老に一任することになった。

先程ごく簡単に説明したように、当時、藩の実権を事実上掌握していたのは公用方であったから、これは在京家老―公用方に指揮権を賦与したに等しかった。したがって、ここに禁門の変後、禁裏御守衛総督の一橋慶喜と、在京会津藩家老および公用方構成員、それに京都所司代の松平定敬による協調関係がはじめて生まれ、以後、彼らは京都にあって幕府勢力を代表しながらも、幕府からかなりの程度自立した政治勢力としての活動をおこなうことになる。

一会と天皇・関白

その第二は、一会両者（なかでも会津藩関係者）の孝明天皇への絶対服従の姿勢が、いっそう明瞭となることである。前章で触れたように、孝明天皇は絶体絶命の立場にあった会津藩の苦境を救った。そのため、会津藩は、天皇の意思（すなわち攘夷の意思）をどこまでも尊奉することを絶対視するようになる。そして、これは、以後、同藩の横浜鎖港実現にむけての活発な動きともつながっていく。

第三は、孝明天皇や二条関白、それに中川宮の側にも、一会両者に依存する度合いが格段に高まることである。すなわち、ここに、朝廷の文字どおりトップと一会両者との相互依存、悪く言えば癒着の構造が生まれる。

禁門の変後、当初の混乱が収まると、会津側は藩主松平容保の病状もあって、本陣のある黒谷に戻りたいと朝廷にさかんに要請する。ところが、孝明天皇の強い反対にあって、ずいぶん長い間、容保は黒谷へ戻ることができなかった。孝明天皇の反対理由は、いたって簡単なもので、近い将来、一橋慶喜が長州征討のため京都を離れるようなことになれば、「外に御頼みなさるべき方これ無く、この節柄、べつして御倚(依)頼なされ候間、遠方へは必至と御離し遊ばされ難」しというものであった。孝明天皇はまるで駄々っ子のように、年下の容保を御所の周辺から離そうとはしなかったのである。

第四は、一会桑三者および彼らに同調する幕府内の一部勢力と一部諸藩が、将軍家茂の上洛を促す運動を積極的に展開し、結果として、一会桑三者と江戸の老中・諸役人との対立を招くようになったことである。

これは、禁門の変後、長州藩の処分をどうするかが問題となったことと大いに関係していた。変後、当然のことながら、皇居(蛤御門)に向けて発砲し、朝敵の烙印をおされた長州藩の処罰が求められるに至る。ところが、ここに大問題となったのは、欧米諸国の動向であった。というのは、禁門の変後、前年下関で砲撃を受けた事件の報復を実行に移す動きを米英仏蘭の四ヵ国が見せたからである。そして、現に四ヵ国の連合艦隊は、八月五日に長州藩の下関砲台を攻撃し、占拠する。

もし、この四ヵ国が、長州藩への攻撃を始め、同藩を屈服させたあとに、長州藩の征討をおこなえば、外国人の力を借りて長州藩を征討したのも同然となり、非難が巻きおこることは眼にみえていた。それでなくても、幕府が前々から外国人の手を借りて長州藩をやっつけようとしているとの噂が、まことしやかにささやかれていた。また、幕臣のなかに、少数ではあるが、英仏等の力を借りようとする動きも無いではなかった。

そのため、一会桑三者およびその同志らは、外国人の手を借りない自力での長州問題の解決を図らねばならなかった。それが、できうれば四ヵ国が長州藩への攻撃を始める前に、将軍が進発して長州藩を屈服させ、この問題にケリをつけようという彼らの方針となって表れる。また、あわせて変後すぐに将軍が孝明天皇の要請に応えて上洛することで、朝廷と幕府の関係がうまくいっていることを世間に対して示そうとも考えた。

一会桑と幕府首脳の対立

ところが、将軍の再度の上洛には、江戸の老中や諸役人の多くが強く反対した。将軍の再度の上洛を許さないほど幕府財政が極度に疲弊していたことに加えて、前年の将軍上洛時の苦い記憶がまだ彼らの間に生々しく残っていたからである。

すなわち、人質同様となった将軍がとうとう横浜鎖港の実施を約束させられる羽目になった苦い悪夢のような経験を忘れるにはあまりにも時日が経過していなかった。また、禁門の変で攘夷派が京都から追放されたことをもって、幕府の直面していた深刻な危機がひとまず回避されたと受けとった。だから、江戸の老中以下、多くの幕臣は、わざわざ再び将軍が出向くまでもないと、将軍の上洛に抵抗した。

そこで一会桑の三者が、家臣を江戸に派遣して、老中と諸役人を説得することになる。そして、八月下旬には、会津・桑名・肥後三藩の代表が話しあった結果、尾張藩の徳川慶勝が征長総督を引き受けなかった場合（慶勝は、八月七日に征長総督に任命されていた）、代わりに一橋慶喜を推すことで意見の一致をみる。

ところが、こうした会津藩士らの動きは、江戸の老中・諸役人との全面衝突を招くことになる。九月十二日付で、江戸の会津藩首脳が京都の同藩首脳に宛てて送った報告書によると、同月九日に会津・桑名両藩士が一橋慶喜の征長総督就任案をもちだしたところ、老中は俄然拒絶反応を示したという。報告書には、「慶喜公の推挙を、私どもが申しあげたのに対し、御腹立ちの様子である」とあった。老中は、慶喜の征長総督就任案に感情的な反発を示したのである。

そして、老中以下の怒りは、とどまるところを知らず、江戸の会津藩首脳が、桑名藩留守居の高野《たかの》一郎左衛門《いちろうざえもん》から得た情報によると、勘定奉行の小栗忠順などは、「会桑両藩は、京都の権威に乗じて、僭越な行動をしている。とりわけ、慶喜の征長総督就任要請などは、はなはだ問題だ」と激しい憤りをもらすまでに至る。

ここには、一会桑の三者が、京都にあって孝明天皇や二条関白と深く結びつき、朝廷の権威を背景に、好き勝手なことを幕府に要求しだしたとの、感情的な反発が露骨にでている。また、かねてから一橋慶喜に対して強い不信の念を抱いていた幕臣の本音が、よく表れている。

さて、このように、将軍の上洛問題と一橋慶喜の征長総督就任問題が、いわば引き金になって、このあと、江戸の老中・諸役人（老中の諏訪忠誠・老中格の松前崇広《まつまえたかひろ》・若年寄の酒井忠眦《さかいただます》が中心）と、一会桑三者の対立（正確に言えば、前者による後者の敵視と排除）という事態が生まれる。そして、さらにこのあと、老中等が上洛して来て、一会桑三者（なかでも一会両者）の江戸への連れ戻しを図るという事態にまで発展していく。

もっとも、これ以前から、すでにこうした対立的な状況は生じてはいたが、この段階でそれがいよいよハッキリしたというわけである。そして、これは、幕府勢力の分裂、二元化の兆候でもあった。

会津藩内の深刻な対立

なお、文久政変後の政治状況にかかわる特色として、番外ではあるが軽視できないものを、もうひとつ挙げたい。それは会津藩内に藩是（藩の最高方針）をめぐって深刻な対立が生じ、結果的に、長州征討（第二次長州戦争）を、幕府側の敗北に終わらせる一因となったことである。

禁門の変前後から、長州藩と会津藩の対立が取り沙汰され、長州側も意識的にそのような方向にもっていった（長州藩の敵は会津藩のみであることを強調）ことはすでに触れた。そのため、薩摩藩を含む多くの藩が、長会の対立を「私戦」と受けとめ、ぎりぎりまで「傍観」し続け、会津藩をして非常な苦境においやったこと、および会津藩の置かれたこうした状況を最終的に救ったのが孝明天皇であったこともすでに指摘したところである。

禁門の変直後の段階で、こうした事態を深刻かつ冷静に受け止めたのは、皮肉なことに、会津の国元と江戸の御用所（家老、若年寄の書記局）であった。元治元年八月十九日付で、国元の御用所は、京都と江戸の御用所に宛てて、長州征討に深入りすべきではないと進言した。

その理由は、長州征討が「私戦」と受けとめられかねないことを恐れたからであった。すなわち、進言中には、諸大名や公用方局員の中に、会津藩兵を征長軍に参加させようとの考えをもつ者がいると聞くが、今回の件で、長州藩が「的《まと》」として攻撃したのは会津藩なので、長州征討を主張すれば、会津藩のためにおこなうように受け取られかねないと、その理由が綴られていた。

さらに、翌九月、国元の会津藩首脳は、京都の首脳に同様の見通しを伝え、容保の京都守護職辞任と国元への帰国を求めた。それは、「長州の義、お家（=会津藩）へもつぱら遺恨を含み、容易ならざる企を」なしたこと、「これまでは、誠に御運も御強く、このたびの一条（=禁門の変）、誠に天幸と申」してもいいとしたうえで、「公用方などにては、徳川家の存亡御家次第などと申し居り候はん」ことではあろうが、自惚れもほどほどにしろというものであった。

そして、「御家」では、長州藩は「朝敵」だと唱えていることではあろうが、他藩などではそうは思わず、「とかく、このたびの御征伐は御家より将軍様」の進発を促したと受けとっていると、公用方の指導下に決定された藩の方針に疑問を呈した。そして、そのうえで最後に、春以来、病気で「御不勤」状態にある容保の病状を楯に取って、京都守護職辞任を幕府に申し出るべきだと強く主張した。

ここには、文久年間以来、京都が政局の中心となってから、京都に藩士を派遣した多くの藩と共通した現象が見られるといえよう。京都で天皇・関白・武家伝奏・議奏、あるいは他藩士と間接的・直接的に接するようになった者と、京都から遠く離れ、冷静に政局の動向を少ない情報量という制約をかかえながら眺めていた者との、温度差と状況判断の相違である。

公用方への批判

そして、国元と江戸の御用所に、それぞれ共通してみられたのは、公用方への痛烈な批判であった。国元と江戸の御用所が、ともに痛烈な公用方批判をおこなわねばならなかった理由は、二つ考えられる。

ひとつは、彼らが忠誠の第一の対象を、天皇（朝廷）ではなく、幕府においていたことから発する批判であった。このことは、とくに江戸の御用所関係者に当てはまった。何故なら、彼らは、江戸に在勤して、老中・諸役人と日常的に接していたから、どうしても幕府寄りの姿勢を強めざるをえなかったのである。反面、当然のことながら、江戸の老中・諸役人の反発をもろに浴びることにもなった。

事実、江戸の御用所関係者は、京都からの指令を受けて、将軍の上洛を老中等に働きかけた際、さっそくとばっちりを受けた。そして、その恨みつらみを会津の国元に伝えたのであろう、十二月十四日付で、国元から京都に送られた報告書には、そのことが、縷々記されていた。

それは、江戸では、会津藩がもっぱら一橋慶喜・松平定敬の両者と結託して、「京都方」となっているとの評判で、受けが良くないこと、そのため、京都から江戸に派遣されてきた小森久太郎《こもりひさたろう》などにも、いまもって老中が会ってくれないと報じたものであった。そして、さらに、たとえ京都表の都合は至極良くても、江戸表の都合が悪ければ、とても京都守護職の職務はまっとうできないとの訴えが続いて記されていた。

このように、忠誠の第一の対象を、将軍（幕府）とするか天皇とするかで、江戸・会津在住の家臣団と京都在住の藩主・家臣団は二つに分かれた。そして、江戸と国元の御用所関係者の怒りと絶望をさらにかき立てることになったのが、江戸の老中・諸役人による、会津藩に対する嫌がらせ行為であった。

それは、入洛以来、膨大な出費を強いられたことによって深刻な財政危機にあえいでいた会津藩に対する財政面での援助の停止など、陰惨な様相を呈した。そして、江戸と国元の御用所関係者の認識では、このような事態に会津藩を追いこんだ最大の内部の敵が、公用方に他ならなかったのである。

公用方への批判が生じたいまひとつの理由としては、新設ポストである公用方への権限集中に対する、旧来型の機構構成員の側からする反発を挙げることができる。

元治元年十一月二十一日付で、京都に送られた国元（江戸の御用所関係者も含むか）からの書簡には、そのことが鮮やかに、しかも露骨に反映されている。

〈その表（＝京都）の公用方の者たちは、……京都守護職が、「このうへ無き結構の御役とあひ心得、なにとぞ永く」藩主が勤められるようにと、かねがね強く願い思っている。……公用方の仕事には、公に出来難い「内密」の「御用」などがあるので、多額の「金子（＝お金）」等が渡されている。そこで、「遊楽に耽《ふけ》り候」者が出ても、誰も咎める者がいない有様で、……「なるだけ永く」藩主が京都守護職を勤められるように希望しているなどとの「風評」もある（下略）〉

これは、一見して解るように、公用方へのかなりの妬みをともなった痛烈な批判であった。そのため、京都の会津藩邸では、「焼餅」とみなした。

松平容保の帰国拒絶

さて、禁門の変後、このように、会津・江戸両所の御用所関係者から、藩主の辞職と国元への帰国を求める声が高まるが、この要求を、断固として撥ね除けたのは、藩主の容保自身であった。

慶応元年(一八六五)一月上旬、容保は、近臣に対し、「いずれにせよ、世の中が静穏にならない内は、会津への引き上げは難しい。自分が京都にいるからこそ、薩長なども得手勝手なことができないでいる。もし自分が引き上げれば、どのような事変が発生しないとも限らない。当分の間、引き上げは決してないので、不心得の者が無いように、お前たちから申し聞かせるように」と要請する。それは、「断然」たる調子で、「仰せ聞かされ」たものであった。容保は、断固として、自らの辞職と帰国を拒絶したのである。

ところで、容保がこのような姿勢を貫いたのは、それなりの計算が彼にあったからである。それは、ⓐ将軍の上洛を実現したうえで、ⓑ天皇と将軍の親密な関係を創出(公武合体の実現)し、ついでⓒ長州問題を解決し、辞職↓帰国するという目論見であった。そして、それを可能だと思わせたのが、このあと説明する会津藩と江戸の幕府首脳との関係改善と、一会桑勢力による朝廷の掌握であった。

一会桑敵視政策の中止

禁門の変後から続いていた、江戸の幕府首脳による一会桑敵視政策が突如中止されるのは、慶応元年三月のことであった。翌四月に、江戸から京都に戻って来た会津藩士の井深重義《いぶかしげよし》が報じたところによると、三月二十九日に老中から井深に対し、一会桑敵視政策の中止が告げられたという。

すなわち、この日、老中から、松平容保に対する嫌疑が晴れたので、これからは松平容保（会津藩）がもたらす京都情報のみを採用して、東西一致して事にあたることが井深に語られた。そして、併せて、この方針が老中間で決議され、将軍徳川家茂の裁可をえたことも伝えられた。

このような決定がなされたのには、どうやら将軍上洛の是非をめぐって老中たちが激しく争い、その結果、将軍の上洛を推し進めようとするグループが勝利を収めたことが、大いにかかわっていたようである。が、それはともかく、このあと、会津藩を中心とする一会桑三者と幕閣との関係が急速に良くなることは明らかである。そして、四月に入ると、来る五月十六日をもって、将軍が長州再征のために江戸を進発することが発令される。

他方、京都にあって、一会桑の三者が、自分たちの意見を朝政に大きく反映できるようになるのは、慶応元年四月から閏五月段階にかけてのことであった。そのように考える目安は、次の三点である。

第一点は、慶応元年の四月に開かれた朝議の席で、有力諸侯を京都に召集して、征長の中止をも視野に入れて長州問題等を話し合おうという意見が、一会桑三者の強い反対で中止をみたことである。

第二点は、やはり慶応元年の四月に、朝廷内でおこなわれる評議で、武家に関連することがあれば、事の大小にかかわらず、すべて一会桑の三者と打ち合わせたうえで決定におよぶようになったことである。それまでは、公家が武家と直談することは固く禁じられていたが、これ以後、この形式の評議が定着する。つまり、一会桑の三者が、ほんの少しでも武家に関係のある問題に関しては、自分たちの意見を朝議に反映できるようになった。これは、むろん、一会桑三者の大勝利といってよく、事実、このあと朝廷は、かなりの程度、一会桑三者の思いどおりになっていく。

第三点は、同年の閏五月に、再度上洛してきた将軍徳川家茂に対して、朝廷が当初滞京を命じる勅書をくだす予定でいたのが、一会桑三者（なかでも会）の反対で、滞京が滞阪に、勅書が勅語に変更をみたことである。

容保らが強く反対したのは、滞京を命じる勅書がくだれば、将軍が京都に拘束され、行動の自由を著しく制約されかねないことを恐れたからである。その点、大阪だとはるかに行動が自由だし、ましてや勅語だと勅書のような重々しい規制力はもちえなかった。それになにより、眼に見える証拠としてあとに残らない。

天皇の厚い信頼

さて、一会桑の三者は、このように、慶応元年の四月から閏五月にかけての時点で、朝廷を自己のサイドに引き寄せることに成功したわけだが、これは、むろん孝明天皇や二条関白、それに中川宮といった朝廷内の最高権力者の強い支持があったからに他ならなかった。

孝明天皇がいかに一会桑の三者に厚い信頼を寄せていたかは、はからずも将軍家茂が参内した時に公になった。閏五月二十二日に上洛した家茂が、すぐさま参内した際、天皇は家茂に対して、「一橋様へ御家（＝会津藩）桑名様には久々御滞京、人情形勢も御掌握あらせられ候儀に候へば、防長の御所置、とくと御談のうへ、御取り計らひこれ有り候やう」にとの趣旨(会津側が要約したもの)の御沙汰をくだした。

すなわち、天皇は、一会桑の三者を介して将軍(幕府)側と折衝する考えを伝えた。これは、当時、もはや単純な朝幕関係ではなく、「朝廷―一会桑勢力―幕府」関係とでもいうべき新しい関係が生まれていたことを示していた。そして、一会桑勢力の登場後、孝明天皇の強烈な意思が以前ほど表に現れなくなった理由をも語っていた。天皇は、一会桑の三者に自己の代弁者としての性格を見いだし、彼らに任せる方途を選んだのである。

関白・中川宮と一会桑の癒着

また、一会桑三者と二条関白および中川宮との関係であるが、慶応元年四月四日付で、京都の会津藩邸から江戸の同藩邸に送られた報告書によると、この時点で会津藩は二条関白邸と中川宮邸へ多数の藩士を派遣していた。しかも、それは特定の部署の公務に差し障りを生じるほどの多人数であったという。こうして、両家の内へ入り込んだ連中が、たんに身辺警護的な仕事にとどまらず、家政の実質的な運営者ともなったであろうことは、想像に難くない。

現に、中川宮邸には、公用方の倉沢《くらさわ》右兵衛《うへえ》なる人物が貸し出されたが、これは、倉沢以前に中川宮邸にいた薩摩藩士両名（村山松根《むらやままつね》と志々目献吉《ししめけんきち》）が引き払ったあと、おそらく中川宮の要請を受けて宮家に入り込んだ者であった。そして、倉沢は、その後、宮家にあって、「内外の御用向、大細事ともに」、つまり宮家の家政全般を切り回していくことになった。

ところが、皮肉なことに、それが倉沢をして逆に「当惑」させ、宮家勤めを辞退させるきっかけとなる。なぜそうなったのかと言えば、宮家は、「御家料千五百石」に過ぎないのに、「毎月の諸払ひ、如何やう打ち詰め候ても平均三百両より三百五十両」にまで肥大化していた。当然、このような状況を乗り切るためには、倹約策しかなかった。しかし、倉沢によれば、こうした事態に立ち至っても、当の宮には倹約につとめる気持ちなどはさらさら無く、「強ひて申し上げ候へば、たちまち思《おぼ》し召しに違《たが》ひ、御不興を蒙」ることは「顕然」（＝明らか）という状況にあったからである。

ここには、いうまでもなく、朝廷内の中枢に位置するようになって以降、甘い汁を吸うことになれ、倹約を受けつけなくなっている中川宮の姿が如実に顕れている。そして、会津藩ですら、宮を制御しえなくなっていることもうかがえる。こうした状況だったから、生来、生真面目で、きちんと物事に対処しないと気がすまない質の倉沢には我慢できなかったのである。

そこで、倉沢は、自分の気持ちに加えて、近い将来、藩に迷惑がおよぶことを恐れ、藩当局に執拗に辞職を求め、結局会津に帰国することになった。当初、倉沢には江戸に転勤する話があったが、宮を避けたことを悟られてはいけないと、遠く会津の国元にまで帰ることになったのである。もっとも、このあと、どういう事情があったのか、どうも倉沢の思いどおりにはいかなかったようではあるが……。

まあ、それはさておき、この倉沢と中川宮の関係（倉沢の嫌悪感にもかかわらず、宮の倉沢に寄せる信頼には深いものがあった）は、先程から説明している会津藩が朝廷上層部といかに深いところで結びついていたかを、端的に物語っているかと思う。彼らは、ハッキリと言えば癒着関係にあった。

そして、それだからこそ、慶応元年四月晦日の時点で、松平容保の強烈な自負心が生まれるのである。それは、「御所向の御都合は、一橋様・御家（＝会津藩）・桑名様にて悉皆《しっかい》御引き請け、御整遊ばされ候（松平容保の）思し召しにあらせらる」というものであった。天皇をはじめとする朝廷のトップと深い次元で結びついているという満々たる自信がなければ、このような自負心が生まれないことはいうまでもない。

第九章　第二次長州戦争の強行と反発

長州処分案の決定

さて、前章では、慶応元年の閏五月二十二日に、将軍が参内したところまで話がおよんだが、家茂は翌二十三日早朝に御所から退出し、二条城に入る。そして、このあと、老中と一会桑三者による、長州藩の処遇をめぐる話し合いがおこなわれることになった。

ところで、この日の会合では、まず老中の阿部正外《あべまさと》と松平康英《まつだいらやすひで》の両名から、長州藩の廃藩を見通した厳罰論が出された。松平容保によると、それは長州藩主父子を斬罪に処したうえで長州藩を滅ぼすという真に厳しい内容のものであった。他方、一橋慶喜は、父は助命、子は死刑とすべきだと主張した。

これに対し、容保は、含みのある発言をした。彼は、「御所へ向、発砲に及び候うへは、（長州藩主）父子ともに死罪、滅国仰せ付けらる（のが）至極至当の御所置」ではあるが、自分の得た情報ではそうはいかないと発言したのである。

すなわち、容保は、西日本の諸侯は、「大膳父子（＝長州藩主父子）助命、半国減知、或いは三ケ一減知と申し立て候振合」だ、だから、老中が江戸で想定した厳罰路線を強行して、もしこれら諸藩が服従しない場合が問題になると注意を喚起した。そして彼は、この席で、妥協案を提示した。それが「大膳父子助命、押し込め置かれ、（長門・周防二国のうち）周防一国減知仰せ付けられ候位にて然るべし」との意見であった。老中や慶喜に比べて、より寛大な意見を彼は主張したといえよう。そして、容保によれば、この意見に「御老中様方」は、「御うなづき成され」た。つまり同意した。

ここでは、本来、対長州強硬論の先頭に立つはずの会津藩主ですら、いわゆる西日本諸侯の「公論」に規制されて、このような、括弧付きの寛大論に留まらざるをえなかったことに注目しておきたい。

さて、この日、このような意見が出席メンバーから出されたあと、老中から容保に、一会桑三者と相談するようにとの孝明天皇の御沙汰もあることなので、下阪して長州処分の方針をきめる協議に参加して欲しいとの要請がなされる。

ところが、これがすっきりとは実現しない。孝明天皇が、一橋慶喜と松平容保の両者がともに京都を離れることを頑として認めなかった。そのため、最終的には慶喜と容保の両者が交互に下阪して老中との協議に加わることになる。そして、この大阪で長州処分案が確定し、これを朝廷に奏上して、天皇の許可を得たうえで実施に移すことになった。

大阪で決定をみた長州処分案は、長州藩の支藩主である岩国藩主の吉川監物《きつかわけんもつ》と分家主で徳山藩主の毛利元蕃《もうりもとみつ》の両名を大阪に呼んで、長州藩にかかわるいくつかの疑問点を問い質し、そのうえで最終的な処分におよぶというものであった。

何故、吉川監物と毛利元蕃の両名を大阪に呼ぶことになったかというと、これにはそれなりの理由があった。ひとつは、吉川監物がかねてから宗藩である長州藩に対する寛大な処分を幕府に歎願していたことである。それといまひとつの理由は、彼ら両人が長州藩の過激派であるいわゆる正義派と対立する存在だと受け取られたことである。つまり、老中や一会桑三者は、この両人ならくみしやすいとみたわけである。そのため、両人が大阪に呼ばれることになった。

では、その両人に対して大阪で突きつけることになった幕府側の疑問点だが、これは長州藩が外国側と密かに交易をしているのではないか、正義派が保守派から藩政の主導権を奪い取ったことは、幕府への恭順表明と矛盾するのではないかといった点であった（長州藩は、禁門の変後に派遣された第一次征長軍に対し、益田・福原・国司の三家老を斬首して恭順の意思を表明したが、その後、高杉晋作《たかすぎしんさく》らが決起して、藩政の主導権を保守派の手から奪い返していた）。

さて、このような長州処分案を老中と一会両者が話し合って確定したが、すんなりとこのような決定がなされたわけではない。老中の思惑と幕臣間の厭戦気分の高まり、それに長州藩に同情を寄せる諸藩の征長を不可とする建白などの前に、確固たる方針をなかなか打ち出せなかったのが実情であった。だから、ようやくのことで、このような方針が確定したといえる。

ところで、大阪で決定をみた方針で注目すべきことは、上阪を命じた吉川監物・毛利元蕃両名の待遇が、「寛大の取計ひ」となったことである。すなわち、幕府側は、両人の扱いに関して、「罪人のごとくすることなかれ、身分相応の人数を連れさせ」てよいと下手に出、「打つて変つた幕府の模様と諸藩おのおの万歳を」唱えるようなことになった。

もっとも、これは、長州側には、一橋慶喜と松平容保の陰謀（「橋会の姦計」）だと受けとられ、警戒された。長州側が両人の召集を拒否したら、「曲を御国（＝長州藩）に帰し、諸侯に令して再討致すべく、御上阪にあひ成り候へば、十方温言をもつてたぶらかし、自然御国の内和を破り、英気をくじくの策」とみられたのである。

諸藩の対応

一方、長州藩および同藩と同志的な関係にあった一部の藩以外の諸藩は、この決定にどのように対応したか。これは簡単に言えば、勝海舟の日記の慶応元年七月二十日の条に、「一橋殿、会津御周旋あり。……諸家は出阪せず。皆傍観」（傍点引用者）とあるように、諸藩の多くは、傍観を決め込んだ。そして、醒めた眼で、事態の推移を見守ろうとした。

では、何故、そのようになったのかと言えば、やはり勝海舟日記の九月四日の条に、「（越前藩）国説に云う。御征伐の名、恐らく当らざらんか。京師へ対せし罰□□（欠字）既に三家老を誅して奉謝せり」とあるように、長州藩士が禁門の変時に御所に向かって発砲した件に関する謝罪は、藩兵を指揮した三家老の斬首で決着がついたと諸藩の多くが受けとめていたからである。

また、保守派から正義派への藩政主導権の転換は、あくまでも長州藩内の出来事であり、同藩は藩外に対しては恭順の態度を持していたから、これも再征の理由とするには根拠が薄弱であった。いずれにしても、天下の大藩である長州藩を征討しようとするには大義名分が乏しかったといわざるをえない。だから、諸藩の多くは、上述の決定に賛同しなかった。

そして、なによりも、諸藩の多くが一会両者らが主として推し進めようとした長州処分策に距離を置いたのは、それが最終的に自分たちにとって良い結果をもたらさないと踏んだからに他ならなかった。すなわち、長州側が処分案を拒否し、そのあと征長戦が開始されると、場合によっては内乱状態に移行し、幕藩体制、ひいては藩の存続それ自体があやうくなる事態が容易に予想された。それに、出兵にともなう莫大な出費も当然考慮に入れた。だから、積極的どころか消極的な協力もしなかった。そして、こうした中、一会の両者が、事実上中心となって、第二次長州戦争が強行されていく方向に向かわざるをえなくなっていく。

慶応元年八月晦日付で、一橋慶喜が熊本藩主の弟であった長岡護美《ながおかもりよし》に宛てた書簡で、「騎虎の勢い」でやむをえず再び征長戦を想定せざるをえなくなった、と告白したような状況に陥ったのである。

松平容保への退任要求

ところが、こうした征長に向けての動きに抵抗したのが、会津藩の国元であった。慶応元年八月十七日付で、国元の指導者（家老）は、連名で京都の同僚に宛てて、征長戦から手を引き、藩主松平容保が辞職し帰国することを求めた。その理由は、長州藩が会津藩をのみ敵視している現状では諸大名の支援を受けられず、会津藩にとってそれは危険きわまりない選択だとするものであった。会津国元の藩指導者は、長州征討に深入りすべきではないとする段階から、さらに一歩踏みこんで征長戦からの撤退を訴えたのである。

〈長州藩が会津藩を「敵」と受けとめている状況下では、諸藩との折り合いが良くないのは当然のことだ。このような状態に会津藩がある以上、京都守護職の仕事を完全に勤めあげることはできないので、是非とも京都守護職から遁《のが》れられるように努めて欲しい。……長州藩は、「もつぱら御家のために朝敵の名を得候儀と心得」、「その怨み骨髄に徹し」ているので、「永々京都表御勤遊ばされ候ては」、とても穏やかに収まるとは考えられない（下略）〉

そして、このように主張したあと、国元の家老は、最後に、長州藩にまったく縁もゆかりもない人物に京都守護職を譲って松平容保が退任することが、政情不安を鎮める良策であると締めくくった。

ところで、この意見書の背後には、以前から明らかとなっていた、一会桑路線、つまり江戸の幕閣に働きかけて将軍の上洛を促し、結果的に長州再征を余儀なくされつつあった、京都の藩主および公用方の路線に対する痛烈な不信があったことは、もちろん言うまでもなかろう。それは、この意見書中に、「（将軍の）御上阪の儀、最初より御家にて御力尽せられ、御進みもこれ無き儀をしひて仰せ立てられ、やうやく（将軍が）御上阪も遊ばされ候儀に候へば」云々と、繰り言が記されていることでも明らかである。会津の国元は、京都の藩主と首脳陣がいらざることをしたという思いを強くもっていた。そして、この会津国元の意見が江戸の藩首脳のそれでもあったことはほぼ間違いない。

国元の意見と長州再征失敗

さて、話がここまで及んだついでに確認しておかねばならないのは、こうした会津国元や江戸御用所関係者の考えが、結果として一会桑の三者が中心となって推進した長州再征を、幕府側の敗北に終わらせる一因となったということである。

つまり、こうした身内の反対が、会津藩を挙げて第二次長州戦争に向かわせなかったといえる。と同時に、会津藩関係者の多くに、改めて会津藩兵が投入されることで征長戦が「私戦」と見なされることを極度に恐れさせ、それが勇猛果敢な会津藩兵の前線への投入を阻止したともいえる。実際、元治元年二月に、松平容保は征長軍副将に就任し、それにともない軍事総裁職に任命されたので、会津藩兵が征長戦に従軍する可能性は十分にあった（ただし、この時は、孝明天皇の強い要望で、容保は四月に軍事総裁職を罷め、京都守護職に復帰する）。

幕府の運命を分けた鳥羽伏見戦争で会津藩兵が猛烈に戦い、多くの犠牲者を出すとともに、敵方にもその高い戦闘力を認めさせたことは、よく知られているところである。また、その後、函館五稜郭に至る、いわゆる戊辰戦争のなかで、もっとも激しい戦闘が展開されたのが、会津若松であったことも周知の通りである。

こうした勇猛な会津藩兵が、第二次長州戦争の当初から前線に投入されていたとしたら、結果ははたしてどうなっていたか。歴史に「もしも」はないかもしれないが、ハッキリと言えることは、我々がその後の歴史において知りえた結果と、必ずしも同じものになったという保証はないということである。

そして、会津藩兵投入の可能性は、なにも征長戦時に限られていたわけではなかった。前年（元治元年）のいわゆる筑波挙兵組の西上時にも、同様のことが生じた。天狗党と呼ばれた水戸藩の攘夷主義者たち（脱藩士が中心）が、一橋慶喜を頼って京都にやって来ようとした際、それを阻止しようとした慶喜から出兵を求められた会津側は、諸藩の先頭に立つかたちで出兵すれば、またまた自分の藩のためにする「私戦」

と受けとられかねないことを恐れ、一度ならず、それを拒絶したのである。

条約勅許と一会桑批判

さて、話が少々先へ進みすぎた。本筋にもどす。一会桑路線に対する反発はむろん会津の国元だけではなかった。薩摩藩の大久保利通なども、痛烈な批判者のひとりであった。

大久保は、会津国元から批判が出されたとほぼ同時期の八月四日付の知人宛の書簡で、①「(将軍)進発の基は、第一会(=会津藩)より醸《かも》し候」こと、②会津の目的は「是非長(=長州藩)を屠《ほふ》りて、幕威を興張の趣意に察せら」れること、そのため「今度大樹公(=将軍家茂)参内の節も、もつぱら閣老を助け、たとへ朝威あひ立たざるとも、幕威を押し立て候見込みに候」こと、「一橋は譎詐《けつさ》(=偽り欺くこと)無限、……。桑藩尊幕(=桑名藩の幕府尊崇は)、論ずるに足らざる」こと、③長州再征は失敗し、各藩は割拠体制をしくであろうこと、④そこで薩摩側としては富国強兵に努め、たとえ薩摩一藩でも朝廷に直結する大策を樹てる必要があることを表明する。

大久保もやはり、一会桑路線に対して批判的であったことが解るとともに、幕府を介して朝廷に結びつく幕藩体制のあり方を明確に否定した点が注目される。

そして、このような批判を浴びつつあった一会桑三者の前に、新たな難題が出来《しゅったい》する。慶応元年九月、イギリス・フランス・アメリカ・オランダの四ヵ国公使（ただしアメリカとオランダは代理公使）が軍艦九隻を率いて大阪湾に来航し、兵庫の先期開港（条約で規定された期限に先立つ開港）と条約勅許を迫ったのである。

そのため、朝命で諸侯を京都に召集し、諸藩の合議にもとづいて長州藩の処分問題をも含む諸問題の解決にあたるべきだという意見が、主として京都在住の薩摩藩士から出される。そして、これを受けて、諸藩の召集を強硬に主張する内大臣の近衛忠房《このえただふさ》らと、それに難色を示す二条関白・中川宮との対立が派生する。

対立にケリをつけたのは一会桑三者であった。一会桑三者は、九月二十日参内し、外国艦隊の退帆を請け合うことを条件に、諸藩の京都召集を中止することを朝廷側に求め、夜を徹して開かれた朝議で、長州問題の処置を幕府に委任する（将軍が征長のために進発する）ことが決定をみる。

そして、この後、一会桑三者は、翌十月初め、朝廷に圧力をかけ、とうとう孝明天皇に幕府が結んだ通商条約を認めさせることに成功する。そして、引き続き、慶応二年一月には、一会桑三者と二人の老中（板倉勝静と小笠原長行）との間で、長州処分案をめぐって意見の衝突をきたしたものの妥協が成立し、十万石の削減、長州藩主父子の蟄居《ちっきょ》隠居・永蟄居処分、三家老の家名永世断絶の三ヵ条からなる長州処分案を朝廷に提示し、勅許を得る。そして、二月四日には、全権を委ねられた小笠原長行が処分の内容を長州側に伝達し、三ヵ条を執行するために大阪を出発することになる。ついで、同月二十三日には、長州藩の代表が広島へ到着次第、処分の内容を通達し、もし長州側が受諾を拒否すれば、速やかに征伐におよぶとの幕府の命令が征長軍に加わった諸藩に伝達される。

一会桑の苦い勝利

このように、慶応元年九月以降、幕府にとって長年の懸案事項であった条約勅許が実現をみ、また第二次長州戦争の実施に向けて事態が一気に進展する。そして、これは一見すると、幕府や一会桑三者が勝利を収めた過程のように受けとれるが、実態は必ずしもそうではなかった。

なぜなら、老中や一会桑三者は、もともとこの章の冒頭部分でも簡単に説明したように、自分たちなりに「寛大な方針」を決定し、それでなんとかことを穏便に済まそうとしたが、なにしろ吉川監物と毛利元蕃の両人が期日である九月二十七日が迫っても、一向に大阪にやって来る気配をみせなかった（これは、長州側が、三月下旬段階で、幕府に対して恭順な姿勢は崩さないが、もし攻撃を受ければ戦うとの方針を確立し、ついで、これに閏五月、岩国藩も参加したためであった。また、このことに加え、幕府に対する強い不信感がやはり大きくかかわっていた）。

そこで、万やむを得ず、なんらかの処分を新たにおこなわねばならなくなった。それが先程あげた最終的な長州処分方針の樹立となったわけだが、彼ら（なかでも一橋慶喜）の本音をいえば、できたら第二次長州戦争の実施は避けたかった。ところが、自分たちで吉川・毛利両人の上阪を命じるシナリオを作成し、長州側に対していわば形のうえだけでも手を振りあげたから、いまさらそれを下ろすわけにはいかなくなってしまったのである。

そこへ、また悪いことに、四ヵ国連合艦隊が大阪湾に来航して、各国公使らが兵庫の早期開港と条約勅許の実現をともに幕府に要求した。そこで、追い詰められた大阪の幕府首脳は、天皇（朝廷）に奏聞しないで幕府独自の判断で兵庫開港を許容するのもやむをえないとした。そして、これに一会の両者が強く反対し、捨身で阻止する行動に出た。その結果、こうした情報が京都に伝わり、外国側との交渉を担当した老中二名（阿部正外と松前崇広）が朝廷によって罷免されることになる。つまり将軍が任命した老中が朝命で処罰されるという異常事態が発生する。そして、この老中の罷免を命じる朝命が大阪にもたらされる直前に、将軍の徳川家茂から、征夷大将軍職をやめたいとの辞意が表明される。すなわち、家茂が将軍職を一橋慶喜に譲って江戸に帰ることになり、ここに朝幕双方のトップをまきこんだ大騒動が展開されることになった。それを一会桑の三者が将軍を懸命に説得して、ようやくにして事がおさまった。

実は、こうした大混乱が慶応元年の九月以降あいついで派生したために、一会桑の三者が、老中とともに、天皇と朝廷上層部に強く兵庫開港と条約の勅許を願わざるをえなくなる。とくに一会桑の三者にとっては、いわばそれしか事態打開の突破口がみいだせなくなったから必死にならざるをえなかった。そして、この要求に対し、孝明天皇がしぶしぶ了承した（ただし天皇も意地を通し、兵庫開港は認めなかった）というのが実際のところであった。

もっとも、こうした経緯をへて条約勅許が実現をみたため、一会桑三者も無傷でおれなかったのはいうまでもない。孝明天皇の攘夷意思にどこまでも従順であろうとした松平容保などは、天皇に申し訳ないとして、京都守護職を辞任して、会津への帰国を願う上書を将軍のもとに提出した。そして、屋敷に閉じこもり、家臣の他家訪問や他人面会を禁止し、謹慎生活に入る。だから、一会桑の三者にとって、条約勅許と長州藩処分方針の最終的な確定は、ともに当然のことながら、得意満面の勝利ではなかったのである。むしろ、彼らにとって苦い勝利となったといってよい。

岩倉具視の痛烈な批判

ところが、傍目にはそうは見えなかった。だから、条約勅許と長州処分方針の最終的な決議が、幕府（なかでも一会桑三者）に対する激しい反発を呼び起こすことになる。西郷隆盛の言葉を借りれば、「天下の公論」、つまり諸侯の合議を経ずに、「ただ幕府より申し出で候ばかりにて」勅許となったその決定の仕方が、攘夷主義者のみならず、広い層の反発をかうことになった。

坂本龍馬は、慶応元年十月三日付の池内蔵太《いけくらた》宛の書簡で、「去月十五日将軍上洛、二十一日、一会桑暴《にわか》に朝廷にせまり、（長州藩）追討の命を請ふ。朝（＝朝廷）を挙げて、是に恐れ許す。諸藩さゝゆる者なし。ただ薩独り論を立てたり」と、一会桑三者の行動をなかでもとくに強く批判した。

また、当時、京都は洛北の岩倉村に蟄居していた岩倉具視は、同月七日付の書簡（宛名を欠く。中御門経之《なかみかどつねゆき》宛か）で、「一昨夜の所業（＝条約勅許）、一会肉を食の外これ無き次第と存じ候、……一会勤幕攘夷とのみ存じ候所、何故、かやう俄かに変じ候哉、其筋丸々分りかね候」と、激烈な一会批判の言辞を吐いた。

そして、これを受けたと思われる中御門経之は、岩倉に宛てた書簡で、「一会の心底、実に禽獣《きんじゅう》の至りと歎息の外これ無く候、……なにとぞ一会首級はやく打ち取るべき手段いたすべし」としたうえで、一会両者に条約勅許の責任を全面的に転嫁させる策略をめぐらすべきだとする、いかにも公卿らしい提言をおこなった。

〈今回の件では、「ひとへに一会へ罪を」なすりつけ、どうか朝廷の権威が落ちないようにしたいと考えている。叡慮によって条約が認められたとあっては、じつに手段も尽きはてるので、一会の両者が、「あひ逼《せま》り驚き候につき、よんどころな」く、条約勅許となったと、「あくまで申しふらした」いと考えている（下略）〉

他方、薩摩藩関係者の動向であるが、将軍の進発を一会両者の働きかけの結果と受けとめていた（「此度進発も、もつぱら両侯（＝一橋慶喜と松平容保）より強ひて申し上げ候につき、やむをえざること、進発の場にあひ成り候」）薩摩側は、むろん強い反発を示した。

たとえば、西郷隆盛は、慶応二年二月六日付で、郷里の蓑田《みのだ》伝兵衛《でんべえ》に宛てた書簡で、一会桑三者に対する批判の姿勢を強めた。

西郷書簡で注目すべきは、一会桑批判が朝廷批判とセットになっていたことである。すなわち、西郷は、①現今の朝廷は、「一・会・桑」の三者が「占（締）め付け」ているので、幕府の奏上どおりの線で長州処分案が決定をみたこと、②「是非明白は全く糺《ただ》されず、勢い強きもの（＝一会桑の三者）より迫り奉りさえすれば、致し方なし迚《とて》」許可されたのでは、正論を申しあげる手立てがないこと、③当初、朝廷は、長州処分に関しては、寛大な処置をなされるつもりであったが、「一・会・桑、板（＝老中の板倉勝静）・笠（＝老中の小笠原長行）の両閣老」が強い「不平を懐き、遮って」反対した結果、三ヵ条からなる前述の線での決議に落ち着いたことを報じたあと、④「畢竟《ひっきょう》只今は一・会・桑の朝廷にて御請書成らると申すもの、皆御注文申し上げ候事に御座候」（傍点引用者）と総括した。

西郷の朝廷批判は、長州再征勅許後、「朝廷これかぎり」「至当の筋を得、天下万人ごもっともと存じ奉り候てこそ勅命と申すべく候得ば、非義勅命は勅命にあらず候ゆゑ、奉ずべからざる所以に御坐候」と、朝廷に対する激烈な批判を展開し、久坂玄瑞と異名をつけられた（久坂のように過激だということ）大久保利通の認識とも一致していた。

と同時に、西郷書簡は、この段階で、彼らの打倒すべき対象が、一会桑三者および

（左から）桂小五郎・坂本龍馬・西郷隆盛

彼らを朝廷内にあって支援していた二条関白・中川宮・武家伝奏・議奏ラインであることを、彼らが明確に意識しだすようになったことを示している。

薩長同盟の意味

慶応二年一月に、京都の薩摩藩邸周辺で、長州藩の桂《かつら》小五《こご》郎《ろう》（のちの木《き》戸《ど》孝允《たかよし》）と、薩摩側との間に結ばれたとされる薩長同盟（現在は薩長盟約といわれることが多いが、本書では同盟とする）は、この面からも注目される。

薩長同盟に関しては、長らく幕末の倒幕に至る政治過程において画期をなす出来事とみる見解が有力であった。

もっとも、今では研究者の間では必ずしもそうではない。しかし、まだ一般的には圧倒的に多くの人々は通説的な考え方を支持していることと思う。

それは具体的にはこういう考え方である。かねがね武力倒幕のために薩長両藩の協力体制の樹立が不可欠だと考えていた土佐藩の坂本龍馬や中岡慎太郎《なかおかしんたろう》らが桂小五郎に同盟の件をもちかけた。そして、これに同意した桂が上洛して薩摩藩邸に入った。ところが、互いにメンツ（面子）にこだわり、相手方の謝罪を求めた桂と西郷隆盛ら在京薩藩指導者が本題にはいれないでいたところに、遅れて京都にやって来た龍馬が、両者を説得して、薩長同盟が成立した。そして、この同盟の成立で薩長両藩はともに協力して武力倒幕をめざすことになった。

ついで、同盟の成立によって長州藩が薩摩藩名義で武器や艦船類を購入できるようになり、その結果第二次長州戦争で勝利をおさめ、幕府側に致命的なダメージを与えることができた。だから、薩長同盟は画期的な意義を有したんだ、と大ざっぱに言うと、このようにとらえられてきた。

もちろん、私も、薩長間に同盟的な関係が成立した意義を否定するつもりは毛頭ない。が、どうも、これは実態よりもはるかに過大評価されてきたと考える。すくなくとも、私には薩長同盟が武力倒幕をめざした攻守同盟であったなどとはとうてい思われない。

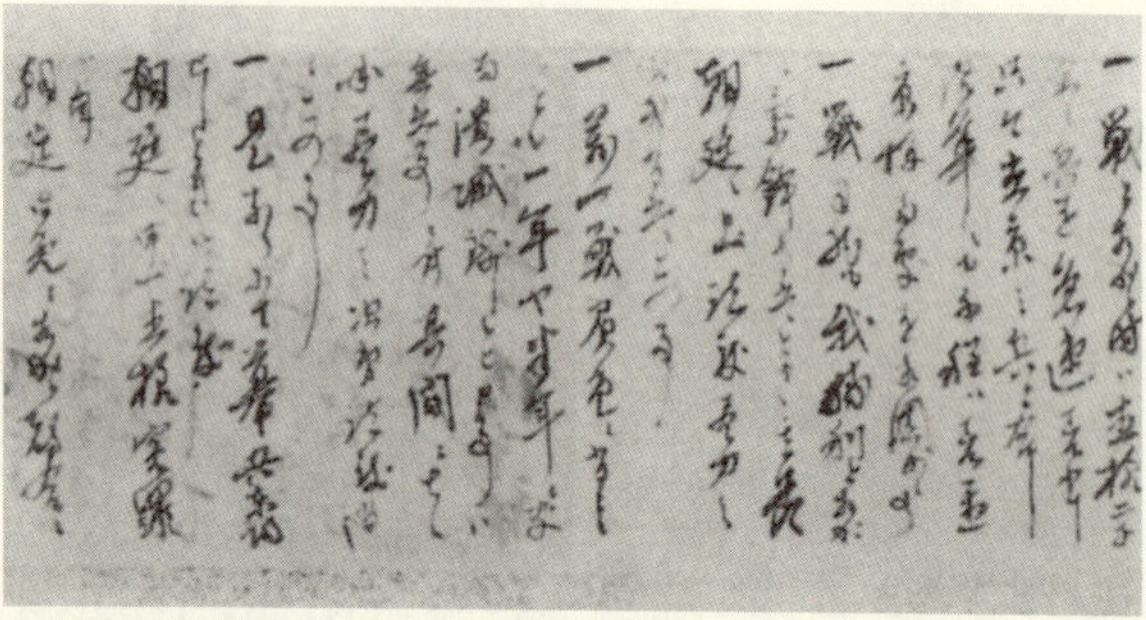

桂小五郎が坂本龍馬に出した書簡（部分）

同盟の意外な内容

そこで、この点を検討するために、次に薩長同盟に関する有名な史料を一点見ることにする。なお、最初に確認しておくと、我々がなぜ薩長同盟の具体的な内容を知っているかというと、それはこの桂小五郎の書簡が残っているからである。

桂は、京都から山口に帰る途上の大阪で、自分が薩摩側から受けた説明の内容を確認する手紙を土佐藩の坂本龍馬に対して送った。そのため、薩長同盟の内容を知りうる史料が一点残った。したがって、もしこの史料がなかったら、薩長同盟の具体的な内容が伝わらなかったとされる。そういう意味では、大きな意味を占める手紙である。

さて、桂が「こういう内容だったと思うがどうだ」と龍馬に問い質した箇所であるが、以下、全六ヵ条のうち大事だと思われる五ヵ条を順次挙げて、簡単な説明を加える。

㋐戦とあひ成り候時は、直様《すぐさま》二千余の兵を急速差し登し、ただいま在京の兵と合し、浪華へも千程は差し置き、京阪両処をあひ固め候との事。

これは、薩摩側から桂に対して、第二次長州戦争が始まったら、薩摩藩が二千名ほどの兵士を国元から上洛させ、京都にいる兵と合体させ、さらに大阪にも千名ほどを割き置いて、幕府側に圧力をかけると言ったというものである。

㋑戦、自然もわが勝利とあひ成り候気鋒これ有り候時、その節朝廷へ申し上げ、きつと尽力の次第これ有り候との事。

これは、戦争が起こって、長州側が勝利を収めそうな勢いになった時は、長州藩の政治的復権を朝廷側に働きかけてあげますよ、ということを薩摩側が一方的に言ったというものである。

㋒ 万一、戦負色にこれ有り候とも、一年や半年に決して潰滅致し候と申す事はこれ無き事に付、その間には必ず尽力の次第、きつとこれ有り候との事。

これは、万が一、長州藩の旗色が悪い場合でも、一年や半年くらいの間に長州藩が潰れたりはしない。だから、その間に、薩摩側は長州藩のために何等かの手立てをきっと講じると言ったというものである。

㋓ 是なりにて、幕兵東帰せしときは、きつと朝廷へ申し上げ、直様《すぐさま》冤罪（＝無実の罪）は朝廷より御免にあひ成り候都合に、きつと尽力との事。

これは、幕府側の将兵が、征長戦を行わないで江戸に帰ったら、必ず薩摩藩が朝廷に申し上げて、すぐさま長州藩の冤罪を朝廷に認めてもらえるように尽力すると言ったというものである。

つまり、当時、大阪にいた幕府の兵隊も一部を除いて厭戦気分が相当に強い。当時の侍は、雄々しく武士道精神に溢れているかのようなイメージがあるかもしれないが、とんでもない。幕末の侍階級は、二百数十年間におよんだ平和な時代がもろに反映して、総体としてはサラリーマン化しているので、命が惜しい、妻子が恋しいという連中が非常に多い。そこで、幕臣の間には、一日も早く江戸に帰って、もとのようなノンビリした生活を送りたいという思いが強くあった。また、征長に異を唱える意見は、朝廷や諸藩の間にも大きかった。

それ故、第二次長州戦争が実行に移されない可能性も無いわけではなかった。だから、薩摩側も幕府の兵隊が江戸に帰ったら、長州藩が冤罪であることを朝廷に説明してやる、すなわち長州藩が本当は朝廷のためにやったことが裏目に出たんだと朝廷に申し上げて、長州藩が再び京都で政治活動ができるように尽力すると約束したわけである。

さて、次の条文が問題の箇所である。

㋔　兵士をも上国のうへ、橋会桑等も只今のごとき次第にて、もつたいなくも朝廷を擁し奉り、正義を抗《こば》み、周旋尽力の道をあひ遮《さえぎ》り候ときは、つひに決戦におよび候外これ無しとの事。（傍点引用者）

これはどういうことかと言えば、在京薩藩指導者が兵隊を鹿児島から関西に連れてきたうえで、橋会桑（一会桑）の三者らが、いまのように朝廷を抱えこんで、薩摩藩が長州藩を許してやってほしいという働きかけを朝廷にするのを遮る時は戦う、決戦の外ないんだ、とこう桂に宣告したということである。

打倒対象は一会桑

以上、薩長同盟のもっとも根幹にあたる箇所を取り上げ、簡単な説明を加えたが、従来、この史料（とくに㋔）をもって、薩長両藩は、戦う相手を幕府と想定した、つまり武力倒幕を確認しあったと読み解いてきたのである。『維新史』も、「万やむを得ざる時は薩州藩は断乎幕府と決戦すべき事」と、この箇所（㋔）を解釈している（第四巻、四七一頁、傍点引用者）。

しかし、これはどう考えても、素直に読めば、戦う相手に想定されているのは一会桑の三者らであって幕府本体ではない。一会桑らが、薩摩藩の周旋をさえぎる時は戦うとある。これは武力倒幕をめざす攻守同盟でも何でもない。長州藩の復権を薩摩側が手伝うということを言った。同時に、場合によっては、一会桑三者らと決戦となる覚悟を薩摩側が桂に伝えたものである。

改めて強調するまでもないことだが、一会桑三者の打倒と、幕府本体の打倒は、全然違う。一会桑三者の打倒ならば、薩摩藩、あるいは長州藩の双方にとっては、勝利を十分に期待できる。というのは、慶喜は一橋家の当主であった。一橋家の石高は十万石で、幕府からこれを支給されている。固有の軍事力はまったく無いに等しい。役人は幕府から派遣される。一橋家生え抜きの家臣などは微々たるものであった。だから、一橋慶喜は、前述の筑波挙兵組の西上時には、会津藩などから兵隊を借りねばならなかった。

となると、事実上、戦う相手は会津と桑名両藩に限定される。会津・桑名両藩と薩長の戦いは藩同士の戦いだから、十分に勝利をおさめうる可能性があった。ましてや多くの同志の支援を受ければ、その可能性はいっそう高くなる。一会桑三者への反発は非常に強い。とくに会津藩に対する反発が強いなかで、打倒会津藩を掲げれば勝利する可能性は十分にあったと思われる。

ところが、幕府本体に対する戦いは、ものすごく危険であった。幕府が、ことの外、弱かったというのは、むろん倒れてからの話で、幕府は内臓疾患で重症ではあっても、外見は何しろ巨象だから、幕府本体に戦いを挑むことはまず考えられない。幕府の有する広大な所領と多くの直臣《じきしん》（旗本・御家人）、それに徳川家と強く結びついていた譜代大名の集団、これらの存在を思い浮かべれば、このことはすぐにわかることである。

薩摩藩にしても長州藩にしても、藩の総意として、幕府に対して公然と戦いを挑むことを決定したことは一度もない。そんなことはありえない。なぜか。そんなことを決定すれば、藩内にものすごい反対運動が起こり、下手をすれば藩そのものが解体しかねないからである。

薩摩藩にしても長州藩にしても、藩内に強硬路線に対する反対はいっぱいあった。そうしたなかで、武力倒幕路線を藩の方針として掲げることはできない。もっとも、対幕府強硬路線まではなんとか打ち出せる。しかし、藩の軍事力をあげて、幕府本体の打倒に向けて立ちあがることは、絶対にできなかった。これは、正義派が藩政の主導権を握ったあとの長州藩でも同様であった。藩内に割拠して征長軍を迎え撃つことは決定できても、武力倒幕を目的に藩外に出兵することを藩の方針として掲げることは、とてもではないが不可能であった。

事実、薩長同盟締結の翌月にあたる慶応二年の二月に、長州藩主父子は藩の方針を藩内に示したが、それは「朝廷に忠節、幕府に信義、祖先へ孝道を尽す」という同藩の長年の根本（指導）方針を改めて確認したものであった。

不安に満ちた討幕

ところで、この慶応二年一月の時点で、在京薩藩指導者が打倒しようとした対象が、幕府本体ではなく一会桑三者らであったことは、幕藩体制本来のあり方からいっても当然のことであったといえる。

各地で次第に多発するようになっていた民衆蜂起に対処し、欧米諸国から自分たちの領有権を守るためには、藩はできるだけ幕府と共同歩調をとらねばならなかった。ましてや、幕藩体制、ひいては封建制そのものの崩壊につながる、幕府への敵対行動は極力避けねばならなかった。ただ、それでも、幕府側が、自分たちの期待するような対応をとらないことは、はなはだ多かった。当然、幕府に対する失望と、それにともなう批判は起こる。それも、激しく起こってくる。

その際、どういう対応が一般的に採られたかというと、将軍に対する批判はまずなされない。将軍の前に控えている老中・若年寄、あるいは勘定奉行や大目付といった諸役人が、諸悪の根源ということで、ひたすら攻撃されることになった。当時の言葉でいえば、奸吏・奸賊というのがそれに当たる。

こうした事情は、薩長両藩においても同様であった。たとえば、長州藩では、文久政変後、禁門の変を経て、第一次・第二次の長州戦争に至る過程で、朝廷（天皇）・

幕府（将軍）ではなく、朝幕間にあって同藩を破滅においこもうとする奸吏・奸賊への抵抗の正当性が広く各方面に訴えつづけられる。

元治の内戦で、藩権力を掌握した、いわゆる正義派や諸隊は、諸藩に配った嘆願書や藩主に提出した意見書などで、繰り返し、抵抗が朝廷や幕府に対する敵対行動ではなく、同藩に対して不当な処置をなす奸吏・奸賊に対する、やむを得ない防衛行動によることを主張し続けた。その代表的な事例が、禁門の変直前の奸賊会津藩への集中攻撃であった。

薩摩藩でも、やはりこの段階では、幕府本体ではなく、朝幕の双方を長州再征にかりたて、強引に条約勅許を朝廷に迫り認めさせた奸賊である一会桑三者と老中、およびその朝廷内における協力者である中川宮らに、攻撃の矛先が向けられた。そして、一会桑三者および中川宮らを自己の敵と認識し、彼らを打倒目標にする限り、討幕行動は不要であり、討幕にともなうリスクを避けえたことはいうまでもない。

第十章　一会桑による朝廷支配の崩壊

慶喜の変説と一会桑分裂

前章では、主として一会桑三者の強引な要請によって条約勅許が実現をみ、そのあと第二次長州戦争に向けての動きが進展したこと、そのため一会桑三者に対する反発が強まったことなどを説明した。薩長同盟の成立後、長州再征への反発は、より一層ハッキリとしたかたちとなって現れる。

まず有名なところでは、在京薩藩指導者の一人であった大久保利通が、慶応二年四月十四日に、老中の板倉勝静に、薩摩藩が幕府から要請されていた出兵を拒絶する旨の上申書を提出する。「京都詰重役」の名でもって出された上申書には、出兵拒絶の理由として、長州再征が大義名分のない戦いであることが記されていた。

また、ほぼ同時期に提出された肥後藩主の建白書にも、幕府の「御威光」を保たんがための出兵が、幕藩制国家の崩壊を招きかねないことが心配されていた。肥後藩は、一会両者寄りの藩であったが、そうした藩ですら、こうした危機感を表明せざるをえなかったところに、当時の封建諸侯が抱え込んだ危機意識の深刻さが反映されていたといえよう。

そして、こうした封建支配者以上に、第二次長州戦争の強行にノーの声をつきつけたのが、一般大衆であった。慶応二年四月以降、大阪・兵庫を中心に、日本各地で民衆の蜂起があいつぎ、この年、江戸時代を通じて最高の件数を数えたことは、よく知られているところである。

しかし、こうした反発を浴びながらも、六月七日、第二次長州戦争の幕が切って落とされる。勇猛果敢な会津藩兵が前線に投入されず、参戦諸藩の士気もあがらず、また幕臣の間に厭戦気分が濃厚にただよっていた状況下にあっては、幕府側の勝利は初めから望みえなかったといえる。

案の定、強烈な危機感をもって臨戦態勢をしいていた長州側の前に征長軍は敗北を重ねることになった。そして、七月二十日には、十四代将軍の徳川家茂が滞在先の大阪城で病死する。

そして、このあと、どうなったかといえば、一橋慶喜が七月二十六日に条件つきで徳川の宗家相続を了承したものの、将軍職は断然辞退するという事態が生まれる。さらに、同月の二十八日には慶喜の宗家相続と長州への将軍家茂に代わる名代出陣がともに公布される。徳川慶喜は、みずから征長軍の陣頭に立って前線にくりこむことを宣言したのである。

ついで八月八日、参内した慶喜に対し、孝明天皇から「速かに追討の功を奏す」るようにとの勅語が下る。そして、天皇は、石清水八幡宮や仁和寺《にんなじ》などの七社・七寺に、徳川慶喜が勝利をおさめるように祈禱することを命じた。ここに天皇は、慶喜とともに長州藩と対決することをあらためて宣告したのである。それはいうまでもなく、天皇が幕府と運命を共にすることの宣告でもあった。そしてこれを受けて、慶喜が幕兵を率いて八月十二日に大阪を出発することが布告される。

ところで、この段階の慶喜は、自ら先頭に立つことで形勢を挽回できるとの希望を抱いていたものと思われる。すくなくとも、勝海舟の八月九日の日記に、「橋公は、尤も御憤発。是非、征長御成功の御見込みなり」とあるように、やる気は満々であった。

慶喜の出陣中止

ところが、いかにも慶喜らしいというか、このあと慶喜は、周りが思ってもみない行動に突如でることになった。すなわち、八月十一日に板倉勝静が上洛し、征長軍に参加していた肥後藩や久留米藩といった九州諸藩の兵士が、七月晦日に幕府に無断で戦線を離脱し、国元に引きあげたと報じると、一転して、自身の名代出陣を中止し、これからは有力諸侯と話し合って、長州問題をも含む重要案件を決定したいとの考えを表明したのである。

いかにも慶喜らしいというのは、彼は事前に周到な根まわしをして関係者の了解をある程度取り付けてから、自分の考えを表明するといったことが、まったくできない点である。そのため、周りにおよぼすインパクトも、当然のことながら、より大きくなる。

この時がまさにそうなった。慶喜の突然の停戦と諸侯召集の意思表示によって、朝幕双方にパニックが生じた。慶喜とともに、長州再征を推進する立場にたった孝明天皇や二条関白、あるいは中川宮は、当然困惑と反発の表情をみせた。

実はこの直前、八月四日の朝議の席で、山階宮《やましなのみや》や正親町三条実愛《おおぎまちさんじょうさねなる》が征長軍の解兵と慶喜の名代出陣の不可を論じたのを、孝明天皇が阻止していた。すなわち、天皇は、慶喜を玉座近くに呼んで、直々に今日に至っては解兵はとてもできないと伝え、この一言で、朝議は征討の続行に決定した。こうした経緯があったから、孝明天皇は、「ことの外の御気色」をあらわにして、慶喜の申し出をすぐには許そうとはしなかった。

また、二条関白は、八月十四日にやってきた慶喜に対し、「(慶喜の考えに)はなはだ（御）不同意、勅諚もこれ有り候上《うえ》に、左様申し立てられ候とて、綸言《りんげん》（＝天皇の言葉）か（が）左様に安々出し引きの出来候ものか」と激しい不満をぶつけた。もちろん、中川宮も、慶喜の出陣中止に強い不満の意を洩らし、また諸侯の召集にも難色を示した。

　このように、孝明天皇・二条関白・中川宮の三者が揃って慶喜の変説に猛反発したのは、当然のことであった。慶喜の要求を受け容れれば、自分たちの行動が間違っていたということに即なるから、簡単には認めるわけにはいかなかったのである。

幕臣の憎しみ

　他方、慶喜に対して、かねてから厳しい感情を有していた幕臣の場合は、もっと露骨であった。たとえば、紀州藩の留守居に宛てた、徳川恩顧臣と称する者の投書には、「誠に不忠不義の極みと申すべし」とあった。これは、慶喜への憤りと憎しみに充ちた言葉に他ならなかった。

　さらに会津藩にとっても、慶喜の変説は手酷い裏切り行為以外の何物でもなかった。方針転換を知らされると、会津側は、それを不可として抗論し、聴きいれられなかったので、八月十一日、松平容保は激烈な批判の言辞のつまった書面を慶喜に送りつけ、対決する姿勢を示した。

そのため、『大久保利通日記』の八月二十一日の条に、「会不平を生じ、橋を恨み、内輪沸騰、是非干戈《かんか》（＝武器）をもつて迫ると云ふ程の勢ひに候由」とあるように、激昂した会津藩士の動向が、反幕派の注目を浴びるまでに至る。そして、公用方を中心とする在京会津藩家臣団は、以後、藩主の松平容保を激しく突きあげる一方で、九州諸藩が解兵しても、徳川慶喜が出陣したら戦意が高まるとの立場から、中川宮邸などに押しかけ、勅命をもって断然慶喜の出征を促すように働きかけた。

そして、こうした中、九月四日には二条斉敬が左大臣・関白・内覧・氏長者の、中川宮が国事扶助職の辞意を、それぞれ表明し、ともに参朝を停止する事態が生じる。ついで、十月六日には老中の小笠原長行が御役御免となり、同月十七日には松平容保が京都守護職の辞職を申請する。これをもって、朝廷上層部と一会桑三者（および一会桑寄りの一部老中）との強い結びつきにもとづく支配のあり方が、一気に崩壊したのである。

幕府の敗因

一会桑三者と朝廷上層部との癒着にもとづく支配体制が崩壊したあとの政治状況に

話を進める前に、ここでなぜ第二次長州戦争が幕府側の敗北に終わらねばならなかったのかについて、簡単に振り返っておく。

第二次長州戦争が幕府側の敗北に終わった理由としては、すでに指摘した会津藩兵の前線投入がなされなかったこと以外、次のようなことが考えられる。

まず、長州藩サイドにかかわる理由としては、やはりなんといっても、長崎のグラバー商会などを通じての、武器艦船の購入による、同藩の洋式兵器の整備充実が挙げられる。ついで、幕府側の攻撃が外国（とくにフランス）の手を借りてのものと受けとられ、長州藩側の抗戦意欲を高めたことも見落とせない。

また、幕府（一会桑三者）側にとって、取り返しのつかないミスとなったのが、広島に呼びつけた長州藩家老の宍戸備前《ししどびぜん》（実は本人ではなく、山県半蔵《やまがたはんぞう》〔のちの宍戸《ししど》璣《たまき》〕）を、広島に派遣された老中の小笠原長行が、贋者であるとの理由で捕縛拘禁したことである。宍戸の捕縛拘禁は、慶喜・容保両者の強い要請によるものと受けとられ、その捕縛によって、長州藩士の反発をいっそう高めることになった。

そして、長州藩サイドにかかわる理由として、もっとも重要だと思われるのは、長州藩が下関を経由して大阪に移送される物資（なかでもとくに米）を同地で差し押さえたことである。これによって、大阪市場に入ってくる米の量が著しく減少し、第二次長州戦争に備えて多くの米が貯えられたことと相まって、米価の高騰を招き、民衆の一揆・打ちこわしを続発させることになったからである。民衆の一揆・打ちこわしが、幕府をして征長戦に全力投球をさせえない重要な一因となったことは、いうまでもない。

負けるべくして負けた

以上の諸点が、長州側との関連でまず挙げられる幕府側の敗因かと思われるが、もちろん幕府側が征長戦に敗北したより大きな理由は他にあった。その第一に挙げられるのは、一会両者が主として推進し、それに天皇をふくむ朝廷上層部が協力しておこなわれた征長戦が、多くの藩や知識人、あるいは民衆の支持をえられなかったことである。つまり、一会桑三者と幕府、それに天皇・関白・中川宮・武家伝奏・議奏といった朝廷内のごく一部の政治勢力が結びついておこなわれた支配のあり方が、支持をえられなかったところに、幕府側が征長戦に敗北を喫した最大の理由があるといえよう。

文久期以降、京都に乗りこみ、中央政局に大きな影響をおよぼすようになった有力藩の多くは、朝廷・幕府・諸藩の三者が話し合って、開国か鎖国かの問題をも含めて、皇国のこれからの方針（「国是」）を決定することを求めた。そして、このような考え方は、もの言わぬより多くの日和見藩の意見でもあったと思われる。

それは、換言すれば、旧来の支配体制の激変を望まない、ゆるやかな改革を求める声でもあった。諸大名およびその家臣団の本音をいえば、できるだけ多くの大名の総意にもとづいて、穏やかに、現状をなるべく維持するかたちで、国家体制を改変することを望んだ。それが幕末にさかんに提唱される公議・公論を尊重せよという声でもあった。

公議・公論は、できるだけ多数の意見にもとづかねばならなかったのはいうまでもない。だから、ごく一部の関係者の声のみを吸いあげる一会桑的言動は、批判されねばならなかったのである。また、厳しい国際環境のなかにあっては、長州藩との内戦を避け、挙国一致して欧米諸国にあたることがなによりも望まれた。ましてや、外国の力を借りて、同じ皇国の民である長州藩の士民を討つことは嫌悪された。

それが、征長戦への参加の拒否、あるいは非協力につながったことは改めて指摘するまでもなかろう。また、征長戦に参加した諸藩の間に当初からみられた戦闘意欲の著しい欠如ともつながっていた。そして、それが他ならぬ幕臣の間にも伝わって、彼らの間に色濃く漂う厭戦気分の救い難い蔓延となった。

ついで、第二・第三の理由として挙げられるのは、幕府の諸藩統率のまずさと諸藩と幕府双方の財政難である。前者が直接の引き金となって、従軍諸藩間に協調関係がきずけず、それが幕府に無断での九州諸藩の解兵となった。また、征長戦に参加した藩は、当然のことながら、莫大な出費に苦しめられ、それが戦争の継続を困難にさせた。「(長州への出兵を目的に集められた)大阪在留の藩も疲弊この上なく、戦争にはおぼつかなき者と歎慨この事に存じ奉り候」と、勝海舟が日記に付したのは、慶応二年四月十六日のことであった。また、幕府は、慶応期に四百三十七万両にもおよぶ征長費を強いられ、それに下関事件の賠償金、横須賀・横浜両製鉄所の建設費、陸海軍費等の多額の出費が重なって、征長戦に全力投球できなかった。こうしたことが合わさって、幕府は負けるべくして負けたといえる。

将軍空位期

さて、話をさらに進める。徳川慶喜が新たな選択をおこなった慶応二年八月以降、慶喜に将軍宣下《せんげ》のある同年十二月五日までは、将軍職に誰も就いていなかったため、一般的には将軍空位期といわれる。そして、この間の政治状況に関しては、次のような対立の図式をもって説明されることが多い。

それは、幕府権力の回復・拡大をめざす徳川慶喜および側近グループと、それを阻止して天皇のもとに新しい統一国家を樹立しようとする政治勢力の対立抗争が展開され、倒幕運動が急速に進展した時期だと見る図式である。

確かに、慶応二年一月の薩長同盟の成立から、翌慶応三年十二月の王政復古クーデタに至る反幕派の政治運動のなかに、この時期を矛盾なく位置づけようとすれば、このような対立の図式を設定する必要がある。事実、慶喜の変説後、王政復古をめざす運動が勢いづいて盛んになる。

なにしろ、それまで一会桑三者や孝明天皇等の前に押さえ込まれていたのが、いわば相手が勝手にこけてくれたことによって、思ってもみないチャンスが訪れたのだから、王政復古をめざす連中が、欣喜雀躍したのも無理はなかった。

たとえば、岩倉具視は、「一橋如何に困苦致し候とて、箇様《かよう》にも意外に出で候とは、実に案外この事に候。ここに至り候事、朝廷のみならず、天下の大幸、これに過ぎず候」「朝廷の大事、また見るべからざる大機会、今を失ふて何をか他にも求め候にや」と受けとめ、さっそく朝廷改革の実現に向けて活動を開始する。

また、大久保利通は、慶応二年九月八日付の西郷隆盛宛の書簡で、「誠に失ふべからざる機会」ととらえ、西郷に「共和之大策を施し、征夷府（＝江戸幕府）之権を破り、皇威興張之大綱あひ立ち候」ための尽力を求めた。

そして、朝廷の改革を求める動きは、二十二名の公卿による八月三十日の列参奏上

岩倉具視

となって結実する。彼らのリーダーは、それまで関白、中川宮、一会桑三者の前に押さえつけられていた中御門経之と大原重徳の両名であった。列参当日、廷臣が要求したのは、諸侯召集の急速な実施、禁門の変などで処罰を受けた親王・廷臣の赦免、朝政改革、征長軍の解兵であったが、彼らによって特に急がれたのは、慶喜の変説後も、「会（＝会津藩）の説に御信用ひどく御嘆息（＝会津藩べったりで嘆かわしい）」と評された中川宮の朝廷中枢部からの追放であった。

列参奏上当日、大原重徳は朝廷の失態を弾劾する過程で、「斯く朝廷御《ご》失体《しったい》致せられ候儀は、皆御前の罪なり」と厳しく中川宮を問い詰めた。これに対し、宮は自分の非を認め、これが彼の九月四日の国事扶助職の辞意表明につながる。そして、当然のことながら、中川宮が公の席で一会桑三者と癒着した寡頭専制支配体制の失態を認めたことは、旧体制の打倒に大きく弾みをつけたという点で重要な意味をもった。

さて、以上のようなことが慶喜の変説後に、起こってくる。これだけを取りあげれば、天皇を中心とする新国家の成立（王政復古）をめざす運動が、他を圧して展開され、倒幕運動が急速に盛り上がったと見えるかもしれない。

しかし、実際の歴史過程というのは、そんな単純な展開の仕方はしない。将軍空位期には、従来まったく注目されなかった動きも一方ではみられるのである。在京薩藩指導者の間に、対幕融和路線とでもいうべき路線が、一時的にせよ採用される。

在京薩藩指導者の路線変更

徳川慶喜の停戦・諸侯召集の意思表示を受けた朝廷は、最終的には、孝明天皇の決断で、九月八日に藩主もしくは世子・重臣の上洛を命じる御沙汰を、計二十四の有力藩に発した。もちろん、そのなかには薩摩藩も含まれていた。ここに新たな対応を求められることになった薩摩側は、直ちに在京藩士の間で対策を協議し、その結果、岩《いわ》下方平《したまさひら》を帰国させ、島津久光の上洛を促すことを決定する。

在京薩摩藩士の考えでは、有力諸藩の代表が上洛し、皇国の新しい方針が話し合われ、かつ樹立される可能性が出てきた以上、彼らとしても事態を静観しているわけにはいかず、積極的に対応しようということになったのである。そして、そのためには、国父で実力者である島津久光の上洛が不可欠と考えられた。そこで彼らは、上洛をすすめる島津久光あての松平慶永の書翰を越前側に所望して、岩下はそれを携えて鹿児島に帰った。

その結果、十月二十六日に、小松帯刀《こまつたてわき》と西郷隆盛の両者が京都にやってくる。だが、両者が鹿児島からもたらしたのは、病気を理由とする島津久光の上洛延期の通知であった。

ところが、小松・西郷の両者が上洛してから程なく、在京薩藩指導者の方針が劇的に変わる。小松が同藩の藤井宮内《ふじいくない》をもって、薩摩藩と縁故の深い近衛忠煕・忠房父子に報じたところによると、在京薩藩指導者は次のような認識のもとに新たな方策を採用したという。

それは、①小松らが上洛したところ、国元で聞いていた「京師の情態」と大いに違っており、久光の命令どおりにはいかなくなった。②薩摩藩に対してはこれまで「嫌疑」が強かったが、これからはその「嫌疑」を解くことをまず優先してやる。具体的には、「是迄は朝廷その外え建白」してきたが、それがさまざまな「嫌疑」を招く原因となったので、これからは「幕（府）え直ちに建言」する「心得」である。③「上様（＝徳川慶喜）」は、島津久光がもともと中央政界に担ぎ出した「御方」であることを忘れてはいけないので、「いづく迄も幕府の御為、よろしきやうに仕《つかまつ》るべき積《つも》り」である、という内容のものであった。

在京薩藩首脳の間で、方針転換らしきことがなされたのは事実だと考えられる。薩摩藩の路線変更は、越前側の史料などによっても裏付けられるからである。慶応三年の四月十七日に、越前側に招かれた小松帯刀は、松平慶永らに対し、薩摩藩にては、国事に関して尽力する際は、「従来、朝廷の方を先に周旋して、後に幕府の方を周旋」したため、「とかく幕府の疑ひを受け」てきた。そこで、昨年十月に自分たちが上洛して以来、今年の二月までは、薩摩藩と関係の深い「近衛殿をはじめ」とする「公卿方」のもとには出向かず、「もっぱら原監察（＝慶喜側近の原市之進《はらいちのしん》）等へ相談」してやってきたと語っている。

薩摩藩と近衛家ならびに越前藩との強い結びつきからいって、両者に対する小松らの発言が、なにか含むところのある意図的なものであったとは考えられない。やはり、幕薩間に融和関係とでもいうべきものが、一時的にせよ、築かれたとみるべきであろう。

現に、慶応三年の一月下旬、征長軍の解兵を命じる幕令が発せられ、同時に筑前（福岡）藩などの五藩に対して、禁門の変後京都を追われ、当時太宰府に幽閉中であった三条実美以下の警固を解き、京都に護送すべしとの命令が達せられるが、これは原市之進と小松帯刀の話しあいの結果、決定をみたものであった。

同年の二月五日、近衛忠熙は、尾張藩の尾崎忠征《おざきただゆき》に対して、「当今にては、薩の小松など幕にて依頼の由、会（＝会津藩）を差し置き、解兵の儀も薩の主張を、幕にて御採用かと存ずる」旨を語っているが、会津藩を排除したかたちで、幕薩間の直接の話しあいがもたれ、それが防長解兵令につながったことは明らかであった。

また、この一月中旬から下旬にかけて、禁門の変後、参朝停止などの処分を受けていた有栖川宮父子や中山忠能らがあいついで赦免され、幕薩間に雪どけムードがいっそう昂まる。そして、三月には薩摩藩の大山格之助《おおやまかくのすけ》が、原市之進の依頼により長州藩に赴き、同藩の重臣等と事態打開策を話しあうに至る（結局は失敗におわるが）。

ところで、在京薩藩首脳による方針転換表明と、それに引き続く対幕融和路線の採用は、重要な問題をはらんでいる。そのまず第一に挙げられるのは、薩摩藩の方針転換は、慶応二年一月に結ばれたとされる薩長同盟から、翌慶応三年十二月の王政復古クーデタに至る薩摩藩の一連の反幕行動の中で、特異な位置を占めることである。

つづいて挙げられるのは、第一点と関連するが、この方針転換の主旨が、慶喜の変説後も、執拗な慶喜批判を繰り返していた大久保利通らの考えと、著しく矛盾することである。

先程も記したように、将軍空位期およびその後の中央政局に関する通説的な理解では、強烈な慶喜批判を展開した大久保およびそのシンパの認識と重ねあわせて、薩摩藩の動きを説明するのが一般的であるが、このような観点にたてば、薩摩藩の方針転換はまったく説明がつかない。

むろん、薩摩側の新路線採択は、小松帯刀の独断専行によるものではない。小松に西郷や大久保らを交えた会議で決定されたことは、当時の史料からみても明らかである。

もっとも、私は、これをもって薩摩藩が藩をあげて対幕融和路線に入りこんだとまではみない。そこまでの幕府に対する深い信頼は薩摩側にももてなかっただろうと思うからである。だから、多分に政略的な面があったと考える。ただハッキリと言えることは、将軍空位期の在京薩藩指導者が従来の対幕強硬路線からは大きく後退した新路線を採択したことは事実らしいということである。これだけは最低限言える。

慶喜の置かれた状況

それはさておき、ここで幕薩融和路線のもう一方の当事者であった徳川慶喜の動向にも眼を向けることにする。従来、将軍空位期に入ると、幕府制度を否定しようとする動きに対抗し、幕府権力の回復・拡大につとめたとされる慶喜だが、たしかにそういった面がみられることは否定できない。徳川宗家を相続し、十五代将軍に就任した慶喜が、幕府本体の強化をめざしておこなわれた幕政改革にそれなりの情熱を傾けたであろうことは疑いない。

しかし、一会桑支配体制の崩壊による新しい政治状況の到来という事実に着目すれば、そこに従来とは異なる視点を新たに設定する必要もあるかと思う。というのは、一会桑支配体制の崩壊は、他ならぬ慶喜自身にも当然のことながら、転機になったと考えられるからである。

一時的にせよ、二条関白や中川宮の不信を、そして孝明天皇の激怒をも招き、また松平容保を切り捨てた以上、従来のような枠組みを前提とした政治活動は、慶喜にとってもはや不可能となった。また、幕府権力の強化を図るとしても、江戸の幕臣に忌み嫌われ、八月の決断によって、彼らの内の少なからざる部分の猛烈な反発を受けた以上、この面でも条件が有利になったとは考えられない。

また、慶喜が幕権の回復に熱心であった有力な根拠の一つとされるフランスとの関係にしても、幕府とフランスとの強い結びつきは、慶喜の将軍職就任以前からのものであった。しかも、フランスの援助のもとに、諸侯の権力を削り、幕権の強化を図ろうとしたとされる小栗忠順や栗本鋤雲《くりもとじょうん》といった実力派吏僚層は、慶喜とは元来、政治姿勢や体質を異にするグループであった。

こうした観点にたてば、慶喜は慶喜で、いや応なしに、変説後は新たな枠組みにもとづく活動を開始せざるをえなかったと言わざるをえない。むろん、それは単純に幕権の回復・拡大だけに鋭意努める路線ではありえなかった。

徳川慶喜が、変説後、山内豊信（前土佐藩主）・島津久光・鍋島直正《なべしまなおまさ》（前佐賀藩主）などの上洛を勧誘するため、腹心の梅沢孫太郎《うめざわまごたろう》を使者として、彼らのもとに派遣したのは、やはりそれなりの決意にもとづいてなされたと考えざるをえないのである。すなわち、将軍空位期の慶喜は、徳川家と薩長土肥等雄藩との関係の改善を望み、彼らとの話しあいで、長州処分問題をも含む重要な案件の解決を図ることを強く決意したとみなせる。

それは場合によっては、旧来の幕藩制国家の改変をも視野に入れた決意であったかもしれない。この点に関しては、これ以上、なんともいえないが、すくなくとも慶喜が夢を再びとばかりに江戸幕府を支配の頂点にいただく国家体制の再建に固執したとは思われない。そして、こうした慶喜の置かれた将軍空位期の状況を考えれば、幕薩間に、一時的かつ表面的にせよ融和関係らしきものが築かれたとしても、なんら不思議ではなかったのである。

第十一章　十五代将軍の誕生と大政奉還

兵庫開港勅許問題

将軍空位期は、慶応二年十二月五日に、徳川慶喜が十五代将軍に就任したことをもって終わる。慶喜が将軍に就任してからの動きとして注目されるのは次の諸点である。まず前章とのかかわりで第一に挙げねばならないのは、前年の十月末以来続いてきた慶喜と小松帯刀ら在京薩藩指導者との融和関係が、具体的な成果をともなって現れることである。が、このことは前章ですでに簡単にふれたので、ここでは再度取り上げない。

ついで挙げられるのは、孝明天皇が慶応二年の十二月二十五日に悪性の痘瘡《とうそう》（天然痘）で急死したことである。天皇の死は、むろん将軍職に就いたばかりの徳川慶喜にとって痛手となった。それまで、なにかにつけて、庇護してくれた朝廷内最大の権力者の支援を、これからは受けられなくなったからである。

しかし、反面、慶喜にとって重い足枷《あしかせ》がはずれ、自由にはばたける切っかけともなったと考えられる。それは頑なな攘夷主義者で、とうとう最後まで兵庫開港を許してはくれなかった孝明天皇の呪縛から、初めて逃れることができるようになったという意味においてである。

こうした徳川慶喜の置かれた新たな状況はさっそく欧米諸国の公使と接触し、幕府への支持を取り付けようとする慶喜の積極的な姿勢となって現れる。まず慶応三年一月下旬以降、フランス公使のロッシュ等への接触が図られ、翌二月には外国奉行の平《ひら》山図書頭《やまずしよのかみ》を朝鮮に使節として派遣することが決定をみる。これは、当時、開国を拒んでフランスやアメリカと対立していた朝鮮と、それら二国の仲介役をはたすことで、欧米諸国の幕府への支持を獲得しようとする狙いがあったとされている。

そして、そのうえで、三月下旬から四月初めにかけて、英・蘭・仏・米四ヵ国代表と正式な謁見をおこなった。これは、将軍の代替わりの挨拶という意味がもちろんあったが、自分は欧米諸国との良好な外交関係の樹立をなによりも強く望んでいるという慶喜の意思表示の反映でもあった。そして、この一連の謁見が、結果的に容貌と弁舌に優れ、また個人的な魅力に富んでいた徳川慶喜に対する好印象を各国公使に与え、その後の慶喜の対外交渉をやりやすくしたことは争えない。

ところが、皮肉なことに、こうした慶喜の積極的な外交姿勢が、幕薩間にほころびを生むことになった。すなわち、兵庫開港勅許問題の発生につながったのである。

じつは、幕府が欧米諸国と結んだ条約では、慶応三年の十二月七日が兵庫港の開港期日にあたり、その六ヵ月前に開港予定を公表することが義務付けられていた。そこで幕府は慶応三年の二月十九日に肥後藩以下の計九藩に三月二十日までにこの問題に関して意見を具申するように命じ、かつ藩主の上洛を促した。幕府が孝明天皇の死去で再び、しかし今度は公然と兵庫開港の勅許を求めることができるようになったからであろう。

ところが、このあと、イギリス公使のパークスが兵庫開港の期日が切迫したから大阪で談判したいと通告してきた。そこで、慶喜は、九藩主の答申を待たないで、三月五日に兵庫開港の勅許を朝廷に奏請する。これが雄藩（なかでも薩摩藩）関係者の反発をかったのである。

幕府が薩摩藩等の有力大名に諮問をして、その返答がなされないうちに、朝廷に単独で兵庫開港の勅許を迫ったことを薩摩側は許せなかった。それで在京薩藩指導者は、一気に態度を硬化させた。有力諸藩の回答と藩主の上洛を待つか、または事前になんらかの根まわしをしていれば良かったのだが、またしても突然自らの決定を表明する徳川慶喜のドカン病がでたのである。

慶喜と雄藩の対立

以後、四月から五月にかけて、あいついで京都にやって来た四侯（島津久光・伊達宗城・松平慶永・山内豊信）と幕府の間で、この問題をめぐって激しい攻防が展開される。そして、問題をよりややこしくしたのが、長州処分問題と兵庫開港問題のどちらを優先して解決するかという選択肢をめぐる対立であった。

薩摩藩とそれに同調する宇和島藩などは、幕府が長州藩に対する寛大な処分（長州藩主父子の官位を元にもどすなど）をおこなったうえで、兵庫開港の勅許を朝廷に奏請すべきだと主張した。これに対して、幕府側は、長州藩に対して寛大な処分をおこなうことは決定しておきながら、その前提条件として長州側から嘆願状が出されることが不可欠だとした。

幕府側の認識では、幕府も悪かったが、長州側も罪がまったく無いわけではない。だから無罪放免というわけにはいかないという認識であった。いわば、メンツにこだわった。また、長州問題は国内問題だから解決を急がないが、兵庫開港問題は外国人にかかわることなので、こちらを優先すべきだという理屈を幕府側は主張した。

これが問題をややこしくし、幕薩両者および幕府と他の諸侯、あるいは諸侯間の対立関係を複雑なものとした。そして、幕薩両者の対立がクライマックスに達するのが五月二十四日のことであった。前日から兵庫開港の可否をめぐって開かれていた朝議の席で、徳川慶喜が熱弁をふるい、とうとう長州藩の寛大な処分(ただし、具体的な内容にはいっさい触れない)と兵庫開港の勅許をともに勝ちとったのである。

これは、孝明天皇没後の朝廷の主導権の掌握に、徳川慶喜が成功したことを物語った。事態をこのまま放置すれば、旧来の幕府主導型の体制(ただし鎖国ではなく開国)がとりあえず存続する可能性が高まった。ここに、それを阻止して朝廷主導型の新しい体制を樹立しようとする薩摩藩をはじめとする雄藩と幕府との対立が再び激化した。ついで、それにともなって、反幕派の公卿・諸藩士の幕府への対決姿勢も強まる。

そして、ここに注目すべきは、徳川慶喜が自らの政治意見をもつ将軍であった(すなわち老中任せではなかった)ために、いままでは幕府の政策を批判する場合、悪いのは将軍ではなく、中間にあって間違った政策を採用している老中や諸役人だとして、彼らに攻撃の矛先を向けていたのが、そうはいかなくなることである。そのため、将軍である徳川慶喜に直接批判の眼や言葉を向けざるをえなくなり、それが幕府との真正面からの対決を招くことになる。

対幕強硬論の噴出

口火を切ったのは、やはり在京薩摩藩指導者であった。五月二十四日、将軍徳川慶喜の脅迫にも等しい強い要請のもと、兵庫開港が勅許をみると、「大樹《たいじゅ》（＝将軍）独り朝廷へ迫り奉り、朝廷の思し召しにもこれ無き開港を無理に勅許せり」との非難が、有志の間に巻き起こる。

これを受けて、翌二十五日、小松帯刀から在京薩藩有志に対し、「此節の事、是より先の策」について「相談」があり、「長（＝長州藩）と共」に「事を挙ぐの議」が「ほぼ定まる」。

同じ頃、薩摩藩の小松帯刀・西郷隆盛・吉井友実《よしいともざね》と土佐藩の板垣退助《いたがきたいすけ》・中岡慎太郎などとの間に、武力倒幕を目的とする密約（ただし、藩の承認をえたものでなく、私的な盟約にとどまった）がかわされ、また急進派公卿のなかには将軍職の徳川慶喜以外への委譲を画策する動きが出てくる。

そして、六月にはいると、在京薩藩指導者から国元へ出兵が要請され、同月中旬には、西郷や大久保が列座する中、小松から長州藩の品川弥二郎《しながわやじろう》と山県狂介《やまがたきょうすけ》（のちの山県有朋《やまがたありとも》）の両人に対し、後日、西郷を山口に派遣し、薩摩側の見込みを長州側に伝え、あわせて長州側の意見を聴取したいとの申し入れがなされる。

また、この頃、長崎から上洛して間もない土佐藩の後藤象二郎《ごとうしょうじろう》が、事態の急展開に驚き、同藩の京都詰重役に、即時挙兵に代わる新たな状況打開策を開陳する。それは大政奉還を将軍に働きかけ、それが実現をみたあと、公議政体（議事院）の設立をはかるという主旨のものであった。

後藤は、朝廷が国政を担うだけの実力も意欲もないことを見極めたうえで、事実上、諸侯や藩臣によって構成される議事院の手に、国事の決定を委ねることを提案したといえる。そして、後藤はこの考えを山内豊信に示し、豊信の同意を得た後、土佐の藩論として幕府に建白する構想を表明し、京都詰重役の同意をうる。

そして、後藤の構想を推進することで意見の一致をみた在京土佐藩重臣は、まず前宇和島藩主の伊達宗城に、引きつづき薩摩側に計画を打ち明け、その結果、六月二十二日に有名な薩土盟約が浪士の代表として招かれた坂本龍馬と中岡慎太郎の両名が見守る中、在京薩土両藩首脳の間で締結される。

もっとも、この時、土佐側は、強硬論を唱えていた在京薩摩藩士の同意を得るため一種詭弁を弄した。それは、将軍に大政奉還を建白しても採用されないことは確実だから、それを理由に挙兵したらどうかという提言であった。つまり武力でもって幕府を打倒するうえで必要な大義名分を獲得する手段を土佐側は提示した。これに西郷隆盛らが飛びついて盟約が成立したのである。

このように、慶応三年五月から六月にかけて、幕府をとりかこむ状況は急速に悪化し、事態は極めて憂慮すべき様相を呈するようになった。

容易にできない武力倒幕

さて、話がここまで及んだので、ここで確認しておきたいことがある。それは慶応三年五月以降の政治過程にかかわる重要な問題である。ごく一般的な常識として、慶応三年五月以降の政局は、薩長両藩が藩を挙げて武力倒幕を決断し、以後それを一貫して実行に移していこうとした過程だとの見方がある。私の知る範囲では、この常識に疑問を呈した書物や論文などはないかと思う。が、これは、実態を必ずしも正確に反映したものではない。

たしかに、先程あげたごく簡単な事実経過からでも、慶応三年五月以降、幕府に対する強硬論が噴出したことが容易に理解できる。しかし、ここにあらためて着目しなければならないのは、対幕強硬路線と挙兵討幕路線とは違うということである。第九章で、一会桑三者の打倒と幕府本体の打倒は違うということを指摘した。同じことは対幕強硬路線と挙兵討幕路線についても言える。

幕府に対して強硬な姿勢をみせることと、実際に兵を挙げて幕府本体と戦うことは、その危険度において著しい相違が当然のことながらあった。さらに言えば、一部の血気にはやる勇猛果敢な有志が、仲間うちで挙兵討幕を口にするのと、藩を挙げて武力倒幕を決断するのとでは、やはり全然違った。

坂本龍馬が、慶応三年八月十四日の時点で、長府藩士の三吉慎蔵《みよししんぞう》に対して、「思ふに一朝、幕（＝幕府）と戦争致し候時は、御本藩（＝長州藩）・御藩（＝長州支藩の長府藩）・薩州・土佐の軍艦をあつめ、一組と致し、海上の戦仕《つかまつ》り候はずば、幕府とはとても対戦は出来申すまじく」との見通しを伝えたのも、幕府本体との戦いが、いかに困難であるかを龍馬自身が認めていたからに他ならなかった。

ところで、我々が慶応三年五月以降の政治過程を薩長両藩による挙兵討幕の過程だと受けとってきたのは、その後、実際に幕府が倒された結果に多分によっていると思われる。

しかし、慶応三年五月以降の段階で、薩長両藩の首脳は、藩を挙げて幕府本体と戦うことを本当に決断したとみなせるであろうか。冷静に考えれば、そのような決断をくだすにはあまりにもそれを阻止する要因があったと言わざるをえない。

幕政改革の過大評価

たとえば、幕府本体との戦いをより困難だと思わせたものに、徳川慶喜が主導したとみなされた幕政改革が、実態よりも過大に評価されたことがあげられる。慶応三年の八月二十八日に、フランス公使のロッシュが幕府に提出した上書には、「陸軍建立の事、今日に至るまで何事によらず、一も速やかに進むことなし。陸軍規則いまに一定せず、かつ大君の准允《じゅんいん》（承認）を得て、これを施しおこなふ場合に至らず。すべて右様、事の遅滞するは歎息に堪へざる次第也」と、幕府の軍制改革がいまもって功を奏していないことを嘆く箇所がある。

おそらく、先進国であるフランス公使の眼からみれば、当時の幕府の軍制改革は、それなりの成果はあげつつも、やはり低いレベルにとどまっていたとしか言いようがなかったのであろう。

ところが、そのわずか六日前に発せられた、桂小五郎の有名な感想（「幕府も一橋将軍とあひ成り候以後、諸事大変革にて、兵制改革等の儀は実事よほどあひ挙がり申し候。愚者と同じく大姦雄を軽蔑致し候事は、はなはだ恐るべき儀にて」云々）では、まったく逆の評価がくだされている。こうした実態とかなり乖離《かいり》していたと思われる高い評価が、幕府本体に対する攻撃を促す要因とならなかったことは、いうまでもない。

その他、当時、挙兵討幕を困難に(それも非常に)したと思われる要素は多々ある。そのまず第一は、薩長両藩が、とくに強く王政復古を志向していて、幕府に対し敵対的ともいえる姿勢を明確にしたものの、他の諸藩は到底そこまでには至っていなかったことである。

慶応三年八月・九月段階で、長州藩関係者が全国の諸大名の動向をまとめた「諸家評論」によると、次のような色分けがなされている。有力藩だけに限ると、「復古勤王」藩としては薩長両藩が、「佐幕勤王」藩としては越前・尾張・因幡・備前・肥後・阿波・宇和島藩などが、「待変蚕食」する藩としては肥前・土佐藩などが、「佐幕」藩としては水戸・紀州・会津・桑名・高松・彦根・姫路・松山藩などが、「依勢進退」する藩としては加賀・仙台・秋田・米沢藩などが、それぞれあげられている。

これをみても、圧倒的に多いのは「佐幕勤王」藩、つまり朝廷と幕府の双方に忠誠を誓う藩か、もしくは幕府べったりの「佐幕藩」、あるいは日和見藩であって、純然たる勤王藩としてあげられている有力藩は薩長両藩だけである。

もちろん、こうした色分けが諸藩の実態を正確に映し出していたかどうか保証のかぎりではないが、仮にこれがかなりの程度正しいとすれば、薩長両藩がたとえ藩を挙げて武力倒幕を決断したとしても、同意を期待できる藩はごく少なく（もしくは、まったく無く）、情勢は薩長両藩にとって、はなはだ厳しかったと言えよう。

薩長内の対幕強硬策反対派

その第二は、薩長両藩ですら、先程もちょっとふれたように、藩をあげて武力倒幕を決断したことは一度もなかったことである。確かに、両藩では対幕強硬論がこの段階では藩の主流となっていた。が、挙兵討幕を藩の方針として決定したことは一度もなかった。何故なら、もしそうしたことを藩の方針として決定しようとすれば、藩内が分裂して収拾がつかない事態となることが容易に予想されたからである。現に、他ならぬ薩摩藩ですら、大久保利通や西郷隆盛らが推し進める対幕強硬路線に対する反発が藩内に強かった。

一例を挙げると、慶応三年八月十日付で鹿児島にいた本田親雄《ほんだちかお》が大久保利通に報じた書簡がある。それによると、極度の財政窮乏に陥っていた国元では、京都からの出兵要請に対して強い不満の声があがったという。それは、「京摂（＝京阪）の外形は泰然無事、外藩（＝他の諸藩）も静謐に時機を見るの形」なのに、なぜ、「我が藩のみ困苦して強ひて事端を求るに似たる」かという不満の声であった。

本田によれば、こうした声が「上下に押しなべて擾々たる次第」となり、その結果、病気などを理由に出征軍への参加を辞退する者が多数出たのである。また、慶応三年九月二十八日には、討幕を明確に否定する薩摩藩主父子の諭達が家老に対して出された。すなわち、今回の出兵は、京都御所を警固するためであって、他意がないと藩主父子がわざわざ表明した。ということは、こうした諭達を出さなければ、出兵するにあたって藩内の合意がなされなかったのが薩摩藩の当時の実情であったといえる。

そして、この点と関連するのが、慶応三年九月九日付で、フランス公使のロッシュが、本国の外相に宛てて出した報告書である。これには、「現在大多数の大名は大君(=将軍)の政策に同調しており、ただ薩長だけが敵対的であるが、薩摩は二派に分裂し、大計画を試みるには統一・安定を欠き、長州は、問題の平和的解決に希望をつないでおり」云々と記されていた。

むろん、このロッシュの報告書に、自己の立場を正当化しようとすることからくる詭弁が、含まれなかったとはいえないかもしれない。しかし、幕末期は情報収集のための活動がさかんに展開されており、ロッシュの情報源も多岐にわたっていた。だから、このロッシュの報告も、いまあげた薩摩藩の内情と照らし合わせると、見当はずれだとはみなせない。やはり、ロッシュがこのように本国の外相に報告するだけのことは、薩摩藩内にあったと考えられる。

似たような状況は長州藩にもあった。同藩では、慶応三年十月段階に至っても、藩内に割拠して一藩規模での富国強兵策を推し進めるべきだとする意見が根強く、それが薩摩・芸州両藩との約束にもとづく京阪地域への出兵を十月に取り止める結果となった（これを失機改図の議という）。

さて、以上のような武力倒幕を阻むであろう客観的な背景を考えたとき、私には慶応三年五月以降の政治状況を薩長両藩が藩を挙げて武力倒幕をめざした段階だとは簡単に断定しえないのである。むしろ、より正確に言えば、京都や大阪に在住していた急進派グループなどによって挙兵討幕が図られた段階であり、藩の総体としては対幕強硬路線にとどまったとみるべきではないかと考えている。だからこそ、慶応三年の十月上旬に、大久保・西郷・小松の三者が、中山忠能ら同志の公家に、「討幕の密勅」が下るように斡旋を依頼しなければならなかった。密勅の力を借りなければ藩内の反対論を押さえることができなかったからである。

ただそうはいっても、この段階ではもはや幕府独裁政治がいつまでも続かないであろう兆候がハッキリとみえてきたのも事実である。そのひとつが対幕強硬派のなかに、従来の幕府主導型の政治体制の存続に否定的な声が、以前よりもはるかに高まってくることである。つまり、幕府を君主的位置から諸侯の列に引きずりおろし、朝廷（天皇）を核とする国家体制を産みだそうとする声が一段と強まってくる。そこが慶応三年五月以降の、それ以前の政治状況とは決定的に異なる特色かと思われる。

大政奉還と慶喜

新しい政治体制のあり方をめぐる対立に、自ら決着をつけたのは、徳川慶喜であった。薩摩藩士等による将軍へのテロ行為や、急進派による武力倒幕をめざす軍事蜂起が噂される中、慶応三年十月十四日、慶喜は土佐藩の大政奉還建白書を受け容れるかたちで、朝廷に突如政権の返上を申しでる。そして、翌十五日、朝議が開催され、大政奉還が朝廷によって認められる。

また、あい前後して、「討幕の密勅」が薩長両藩に下ったものの、大政奉還がおこなわれたため、あわてて取り消される事態が生じる。ついで、徳川慶喜サイドと小松帯刀や後藤象二郎らとの間で、長州藩の処遇や有力大名の京都召集、あるいは三条実美らの京都への帰還などをめぐる話し合いがなされ、合意が成立する。

ところで、大政奉還に関しては、長年アカデミックな立場にたつ研究者の多くは、慶喜が政権を返上しても、新たに誕生する議院または政府の首長として、依然として実権を掌握できるとの見通しのうえにたって決断したとみなしてきた。なかには、徳川慶喜は大政奉還において自己の権力を犠牲にしようとしたのではなく、逆に従来の政治機構を否定したうえで、「大君制」ともいうべき日本的元首制を創出しようとしたのだとみる見解もある。

他方、慶喜ファン（その多くは在野の研究者や市民たちであるが）は、慶喜はその権力を犠牲にして内乱の勃発を防ぎ、日本を欧米諸国による植民地化もしくは半植民地化の危機から救ったと大政奉還を高く評価してきたといえる。

私は、ここでは、この問題にはいっさい立ち入らない。ただ次の点だけは確認しておきたい。それは、大政奉還前と後とでは、徳川慶喜の置かれた状況が決定的に違うということである。

大政奉還前の慶喜は、いうまでもなく、反幕府勢力によって激しく揺さぶられるようになっていたとはいえ、日本全国にまたがる政治を主宰（諸大名を統轄）する十五代将軍の職にあった。しかし、大政奉還後の彼は、もはや将軍ではない徳川家の当主に過ぎない（ただし、他の諸侯を圧倒する巨大諸侯の長ではあった）。

もちろん大政奉還をおこない、朝廷がそれを受けいれたからといって、すぐに実質面でもそうなったわけではないが、朝廷が大政奉還を受容したことで、慶喜がやがて大諸侯となる徳川家の長におさまることが確定したのも事実である。

ということは、慶喜自身が、仮に大政奉還後もひき続き新しく誕生する諸侯会議（諸大名の合議によって運営される）のリーダーとして、徳川氏中心の政治体制を保持もしくは創出していくつもりであった、つまり実権を依然として掌握していくつもりであったとしても、それは彼個人一代の間でのみ可能であったということである。しかも、それは彼の個人的な能力が衰えず、また政権担当の意欲もあり、彼の存在を脅かすものが存在しない間のみ可能な、そういう意味では一時的な実権の掌握であった。

徳川家の当主が将軍職を掌握し続けていた段階とは、その点でハッキリと異なっていた。したがって、このことを前提としない議論は、無意味といわねばならない。

そして、より大事なことは、慶喜が「天下の大政を議定するの全権は朝廷に在り。すなはち、わが皇国の制度法則、一切万機、必ず京師の議政所より出づべし」とする土佐藩の大政奉還建白書を受けいれたことである。ここに大政奉還のもっとも根本的な意義が存したといえる。

だからこそ、大政奉還の挙を聞いたイギリス公使のパークスが、「大きな満足の意を表明」し、この挙が「政府の安定と国家の繁栄にいちじるしく貢献し」、かつ「かかる自由で開明的な政策の採用によって」、慶喜の名声が大いにあがることを予想したのである。

大政奉還と対外関係

そして、パークスのこの満足こそ、慶喜のもっとも期待したところであったといえるであろう。何故なら、慶喜が朝廷を国家の中心に位置づけることに同意した最大の理由のひとつは、対外関係への配慮によると思われるからである。このことは、大政奉還を決断した理由を尾張藩や紀州藩等の重臣に説明した、徳川慶喜の名で十月十三日に出された書付に集約して表れている。

〈近ごろ、外国との交際は、日々盛んとなり、いよいよ対外方針を一定しなければ、皇国がたちゆかない。……「広く天下の公議を尽くし、聖断を仰ぎ」、皆が協力しあって、皇国を守っていけば、「必ず海外万国と並立」することは可能だ。わたくしが政権を朝廷に返した目的はこれに尽きる〉

なお、慶喜が、欧米諸国に伍していくために、天皇を主体とする国家の樹立を必要不可欠としたことは、王政復古クーデタ後の十二月十二日に、慶喜の口から、会津藩家老の田中土佐《たなかとさ》に対し、京都で戦闘が始まれば宸襟を悩ますだけでなく、内乱が始まり、外国の介入を招く事態が発生するおそれがあること、そうなれば大政奉還をし、「万国並立の御国威あひ立つべくと存じ込み候素志も、水の泡とあひ成」るので、下阪を決意したとの説明が、直々になされたことでも、さらに裏づけられる。

さて、このように、十月十四日に徳川慶喜は大政奉還をおこない、源頼朝以来、七百年近くにおよんだ幕府（武家）政治に、自らの手で幕をおろした。この後、慶喜は同月十七日、朝廷に対し次のような建白をおこなう。

〈此の度、王政に復帰した以上、上洛を命じた諸大名の到着を待って、「とくと衆議を尽く」したうえで、国家の根本方針を確立するのが筋だが、対外関係はもっとも重大で、また何時なんどき各国からどのような要求が出ないとも限らない。……その他「評決」しないと差し支えることもあるので、さしあたり京都に詰めている大名と藩士を召集して「衆議を尽く」させたらよろしいかと思う。わたくしも、朝命があり次第、参内するつもりである〉

慶喜が、このような提言を朝廷に対しておこなったのは、改めていうまでもなく、彼が対外問題をなによりも重視していたからである。また、それに加えて、前年の苦い経験（上洛を呼びかけた諸侯がなかなか京都にやって来ず、国是をとうとう確定できなかった）に学ぶところがあったものと思われる。

場当たり的な朝廷

ところが、これに対し、朝廷から下った指令はとんでもないものであった。すなわち、朝廷は、召集した諸大名が上洛してきたうえで、国の方針を決定するつもりであるが、それまでの処は、検討しないといけない事柄があれば、外国の事情に通じている「両三藩と申し合はせ」て、「取り扱ふ」ようにと回答したのである。

この指令に対し、十月二十三日、さっそく十万石以上の大藩である二十四藩の藩士が、京都の丸山に集合し、「両三藩」つまりごく少数の藩に対外業務を依存する朝廷の方針を、痛烈に批判することになる。また、幕府からも、「両三藩」とあるだけでは対応の仕様が無いので、この「両三藩」を朝廷が取捨選択して示して欲しいとの要望が出される。

ところが、朝廷は、このように幕府などから突っ込まれると、「両三藩の儀、朝廷において御見込みあらせられず候」とじつにいいかげんな返答をした。そして、このようなやりとりがなされたあと、慶喜が朝廷の方針に反対したこともあって、最終的には十一月九日に朝廷が指令を撤回する。慶喜が反対したのは、それが「広く天下の公議」にもとづいて国の方針を決定することを求めて、大政奉還をおこなった彼の考えとまったく相反するものであったからである。

なお、この間、十月二十四日に慶喜は征夷大将軍職の辞表を提出する。そして、翌二十五日、彦根ほか八藩の藩士が、朝廷が召集する諸侯が上洛し、決議がなされるまで、すべて政務を幕府に委任するのがよいとする意見書を提出する。そして、これを受けてか、翌二十六日、「諸藩上京のうへ、追つて御沙汰あるべく、それまでの処、これまでの通り、あひ心得候様」にとの朝命が、幕府側に下る。幕府に対して、有志諸侯が上洛してくるまでの、期間限定の政務委任がなされたのである。

以上、徳川慶喜の動向を中心に、大政奉還時とその後の政治状況をごく簡単にふり返ってみたが、ここから明らかなことは、朝廷の対応がひどく場当たり的で統一がとれていないことである。朝廷は早くも、イニシアチブをうまくとれないことを露呈するかたちとなった。ここに、やがて王政復古クーデタが決行されねばならなくなる理由のひとつが胚胎した。

幕府と有力諸藩の対立解消

さて、先程も記したように、十月十四日に徳川慶喜が大政奉還の上表を朝廷に提出し、あい前後して、小松帯刀や後藤象二郎らとの間で、長州藩の処置・有志諸侯の召集・五卿の帰洛などの諸問題について合意が成立した。このことは、当然のことながら、重要な歴史的意義をもった。

慶喜が王政復古（それは幕府制の廃止と徳川家の一大名への降下を意味する）と長州藩の赦免に同意したことで、「討幕の密勅」をもってしてまで打倒しようとした対象が消滅し、慶喜と対幕強硬派の諸藩・宮・公家との対立関係が基本的には解消されることになったからである。大政奉還によって、近い将来における幕府制の廃止が約束され、あわせて幕府専制体制にかわる新しい政治体制の確立が保証されたことで、文久年間以来の幕府と有力諸藩との対立点が基本的には消滅した。

そのため、公議世論を無視（公議政体の確立を拒否）し続けたとして、幕府の罪を問い、かつ大政奉還建白書の受理の如何に武力行使の名目をもとめようとした、薩摩藩内の対幕強硬派らの挙兵にむけての戦略も、一気に突きくずされることになった。このことは、薩摩藩の小松帯刀も、左大臣の近衛忠房に対し、慶喜の「非常の御英断」の前に、「暴発の手談（段）を失」い、「西郷・大久保は勿論、邸内の抑揚はなはだ困窮の勢ひに成り行き」と、認めたところであった。

こうした状況に突如直面した大久保利通らが、なおこのうえ幕府批判を継続しようとすれば、それは新たに何らかの罪を慶喜に見いだしていくか、それとも幕府の過去の失態を倒幕の理由とすることにあくまで固執しつづける他なかった。しかし、大政奉還を決断した慶喜に対する評価の急上昇に直面して、これも事実上不可能となる。これが、大政奉還のもたらした影響の最たるものであった。

中下級公家の下剋上

また、大政奉還の上表提出とその後の朝廷による受理によって、王政への復帰が確定すると、朝廷内にも大きな変化が生まれる。新しい政治体制の確立にむけて、いままで摂関家などの前に押さえつけられていた、中下級の公家による下剋上的な活動がさかんに展開されるようになったのである。

それにともない、朝廷内の専制支配者であった摂政・関白・左大臣・右大臣ら特権層の失権が目につくようになる。十一月末、左大臣の近衛忠房は、中川宮に対して次のような不満をぶつけた。

「摂関一列の沈淪、口惜しき次第なり。此のするゑは誰が三公（＝左大臣・右大臣・内大臣）に昇進せんも計り難し。朝威衰頽して強き者の勝つべき世の中となりて、規則・条理の立たざるは歎ずべく、このさきの形勢深く案ぜられぬ。定めて中山（忠能）・正親町三条（実愛）は勿論、山階宮（＝晃親王《あきら》）・帥宮《そちのみや》（＝有栖川宮熾仁親王《ありすがわのみやたるひと》）など大出頭（＝出世）せん、恐るべし恐るべし」

そして、このあと、近衛忠房と右大臣の一条実良《いちじょうさねよし》がともにその職を辞し、摂政の二条斉敬（二条は孝明天皇の亡きあと、明治天皇の践祚にともなって摂政に就任していた）も引退を考えるようになる。これが、大政奉還のもたらした第二の重要な影響といえるものであった。

会桑両藩の再浮上

さて、次が問題となる。大政奉還のもたらした影響として、他に何が重要であったか。この候補としては、やはり、それまで王政復古などは絵空事だと受けとっていた、つまり現実の問題として受け止めていなかった多くの藩を、一気に王政復古支持に走らせることになったことが挙げられよう。なにしろ、将軍自身が音頭取りをして、王政復古を支持したのだから、そうならざるをえない。

ところが、事態がここに至っても、それを認めようとしない藩もでてくる。その中で、もっとも中核に位置することになったのが、会桑両藩（なかでも会津藩）であった。

一会桑三者の強力なスクラムが、慶喜の突然の変説によって崩れたあと、いわば鳴りをひそめていた会津藩関係者は、大政奉還に表立って反対はしなかったものの、これに同意せず、再び幕府に政務が委任されるように朝廷に働きかける。

そして、会津藩をしてこのような行動に走らせることになった背景には、切実な事情があった。それは、大政奉還によって王政復古と長州藩の赦免が実現すれば、当然、長州藩兵の上洛が予測されたことと大いに関係していた。つまり、長州藩兵が上洛してくれば、長州藩が解決を急ぐ課題のひとつに掲げていた会津藩の厳罰を要求するであろうことが眼に見えた。場合によっては、戦争状態になることも十分に予想された。現に会津藩は、大政奉還後、すぐに女性などを大津あたりへ避難させたという。だから、文字通り、大政奉還を藩の存亡をかけた決断と受けとめた。そこで、いまあげたような行動を採ることになったというわけである。

もっとも、この会津側の動きは、すぐに王政復古派の察知するところとなり、十月二十四日の時点で、中御門経之は、同志の中山忠能に書簡を送り、会津藩や目付の梅沢孫太郎らが、摂政の二条斉敬や中川宮らへ賄賂を送って、幕府への政務委任を画策していると憂慮を表明した。

以後、会津側は、京都にあって朝廷に再び幕府への政務委任を請願する一方で、江戸でも同様の活動を展開する。すなわち、江戸の会津藩士は、十月下旬段階で、老中の依頼を間接的に受けたこともあって、米沢藩主の上杉斉憲《うえすぎなりのり》に、幕府への政務委任の正当性を朝廷に建白してもらうことを願い出る。そして、加賀藩などにも同様の働きかけをおこなう。

会津側の言い分では、朝廷が政権を担当できるわけがない、また朝廷を支える立場になるであろう薩摩藩にしても長州藩にしても、自分の領国をおさめた経験しか持っていない、それに比べ全国を統治できるノウハウや人材をもっているのは幕府だけだ、だから、いままでの政治体制の方がいいんだ、とされた。

ここに、大政奉還後、対幕強硬派の前に、打倒すべき対象として、改めて会桑両藩（なかでも会津藩）の存在が浮かび上がってくるのである。そして、この問題が次章で取り上げる王政復古クーデタと大変深くかかわってくる。

第十二章　王政復古クーデタ

決行へ向けての準備

さて、前章では大政奉還後の政治状況まで話が進んだ。本章では、これを受けて、大政奉還後の中央政局において、やはりなんといっても特筆すべき位置を占める王政復古クーデタについて言及することにしたい。

王政復古クーデタは、教科書風にまとめると、慶応三年の十二月九日におこなわれ、摂関制ならびに幕府制の廃止と、それに代わる天皇中心の新政府の成立を高らかに宣言した近代日本史上の大事件ということになる。そして、このクーデタは、大政奉還から二ヵ月にもならない時点で決行されたことからも明らかなように、比較的短時日のうちに準備され、実行に移された。

もう少し具体的にいうと、慶応三年の十一月中旬から下旬にかけて、大政奉還後の新体制づくりのために京都を離れ、西日本各地を走りまわっていた大久保利通・西郷隆盛・後藤象二郎の三者が相次いで上洛してくる。そして、この連中の再上洛によって、政局はにわかに王政復古クーデタの実施にむけて動き出す。

主導権を握ったのは薩摩側であった。以後、薩摩側が中心となって、同志的関係にあったごく少数の公家らとクーデタ計画を立案していく。

大政奉還後の二つの課題

ところで、大政奉還後、王政への復帰が確定した時点で、西郷や大久保、それに後藤らが、来るべき新しい政治体制の創設に向けて行動を開始したわけであるが、彼らの前には解決を急ぐ大きな課題が二つあった。

ひとつは、王政復古政府の枠組みづくりを急ぐことであった。そして、これは議事院等の開設による公議政体の確立を不可欠とした。いまひとつは、王政復古に難色を示す政治勢力の排除を急ぐことであった。

前者の課題をとくに熱心になった中心人物は、後藤象二郎であった。後藤は、自身の再上洛後、京都にやってくる諸侯へ意見を尋ねたうえで国家の大本を確定し、ついで議事院などの開設を柱とする公議政体樹立の方針を打ち出し、多数派工作に乗りだす。そして、十一月二十七日には、徳川慶喜側近の若年寄（格）永井《ながい》尚志《なおゆき》から、慶喜の将来構想が郡県制の採用にあることを伝えられる。

一方、後者の課題解決にとくに熱心であったのは、薩摩藩を中心とする政治勢力であった。彼らは、王政復古に難色をしめす譜代・親藩・佐幕派諸藩の排除・抹殺を急ぐことになる。これは、新しい政治体制の創出にあたって、不可欠の前提条件であったからである。

こうした活動が水面下でなされる中、王政復古クーデタの準備が主として薩摩藩士らによって推し進められていく。

なぜクーデタ方式が採られたか

さて、これから、いよいよ王政復古クーデタそのものについての話に入るが、まず最初に問題にしなければならないのは、新しい政治体制を創出するにあたって、なぜクーデタ方式が採られたのかということである。

王政復古クーデタに関しては、徳川慶喜が指導者的地位につく方向にいきつつあった大政奉還後の政治状況を、武力倒幕派が否定するために計画立案されたとの評価がある。事態をこのまま放置すれば、慶喜が新しくできる政府内で指導者的地位につき、旧来の幕府主導型、言い換えれば封建領主主体型の政治体制が存続することを恐れた武力倒幕派が、慶喜の新政権からの排除をおこなうために、クーデタ方式という強硬手段を必要としたとの評価である。また、討幕（武力による旧幕府の否認）のための、「イチかバチかの大バクチ」であったとみる評価もある。

しかし、これらの評価には、いずれも致命的な弱点がある。それは、討幕や新政権からの慶喜の排除を目的としたものであれば、討幕にも慶喜の排除にも反対であった後藤が、なぜクーデタに同意したのか、その理由が説明できないことである。また、そのような目的を有するものであれば、クーデタに徳川御三家の尾張藩が参加し、親藩の名門である越前藩がなぜ同意したのか、やはりその説明がつかないのである。

もっとも、この点に関しては、薩摩藩を除く、クーデタに参画した他の諸藩（尾張・土佐・越前・芸州）は、いずれもクーデタに内心不同意であったが、薩摩藩の在京兵力に圧倒され、かつ随意に「宸断」（天皇の裁断）を引きだしうる薩摩藩に逆らえば、朝敵となることを恐れて、クーデタに同意したのだとみなす見解もある。

しかし、クーデタ計画そのものは、確かに大久保ら対幕強硬派が中心となって立案計画したものではあったが、土佐藩や尾張藩、それに越前藩の協力を得なければ、決行され得なかったことも、紛れもない事実であった。

それに、いくら薩摩藩が強大な軍事力を持つ外様藩で、京阪地域に多くの兵士を集めていたとはいえ、土佐藩や越前藩なども同様に天下の大藩であり、いくらなんでも、脅迫されて、いやいや従ったなどとは考えられない。そもそも、体の大きな腕白坊主が、非力な子供を押さえつけて、自分の考えを通すのとは訳が違う。

また、後藤は、クーデタに決して反対してはいない。後藤が、大久保・西郷の両者から、クーデタ計画について告げられたのは、十二月二日のことであったが、彼は山内豊信の上洛期日との関係で、クーデタ決行日に関して一日の猶予を求めただけで、大久保によれば「大いに雷同」したという。すなわち、後藤は、クーデタ決行日に関しては異議を唱えたものの、王政復古クーデタそのものには賛同したのである。

私は、薩摩側がクーデタ方式を採用したこと、後藤らがそれに賛同したことは、重要な意味をもつと考える。

薩摩が固執した理由

まず薩摩側がクーデタ方式に固執した理由であるが、これは、おそらく天皇を政治的主体とする新しい国家を創設するにあたって、彼らが人心の覚醒をなによりも必要としたことと大いに関係があるかと思う。

いうまでもなく、二百数十年におよんだ幕府独裁政治のもと、朝廷・諸藩の双方には、現状肯定的な馴れ合い精神が、積年にわたって累積していた。が、天皇を中心とする新しい国家を創出していくにあたって、この馴れ合い精神が一番の障壁となるであろうことは、容易に予想された。なにしろ長年にわたって、朝廷・諸藩の双方とも、既得権に囲まれた安穏な生活を送ってきたのだから、表面はともかく、裏面で改革（それも急激な改革）に抵抗するグループが輩出するであろうことは前もって予見できた。

ところが、新国家の建設にあたっては、当然のことながら、そうした抵抗を排除して大改革をどうしても行わねばならなかったことはいうまでもない。そこで、まずこの馴れ合い精神を一気に粉砕するために、クーデタ方式という、いわばショック療法が是非とも必要となってくる。これが薩摩側がクーデタ方式に固執した最大の理由であるとともに、後藤らがクーデタに賛同した理由でもあったと考えられる。

クーデタ決行の折に表明された制度上の大改革（摂政・関白等の廃職、幕府制の廃止）は、大政奉還が朝廷によって受諾された時点で、遅かれ早かれ実施が約束され、実際その後実現の方向に進みつつあった。

現に、クーデタ方式の採用に、正親町三条実愛や中山忠能らは難色を示したが、それは、「左大臣も右大臣も辞表を提出し、関白も同様のお考えなので、この手順どおりにいけば、事態は漸進し、折り合いもいいだろう」と、彼らが考えていたからである。

つまり、朝廷内にあっては、旧体制を支えた人物も去りつつあるなど、王政復古にむけての改革が着々と進みつつあり、なにもクーデタのような過激な手段を講ずる必要などないというのが、実愛らの状況認識であったのである。

したがって、この点に関しては、クーデタ方式をわざわざ採る必要はなかったといえる。こうした事情を考えれば、後藤は後藤で、クーデタ方式を採ることに、それなりの意義を見いだしたのであろう。それが、ショック療法の効果を期待してのものであったと考えられる。

クーデタの真の狙い

なお、ショック療法との関連でいえば、従来、西郷や大久保が、このショック療法の中心に据えたのが討幕を目的とする武力発動であったとみる見解が根強くある。王政復古クーデタが、討幕のための容易ならざる軍事的冒険(「イチかバチかの大バクチ」)であったとみる、先程挙げた見解などは、その最たるものである。しかし、はたして実態はどうであったか。

まず、正確な史実として、我々が念頭におかねばならないのは、西郷や大久保は、武力発動そのものよりも、武力発動を辞さないぐらいの決意でもって、ことにあたるべきだと強調していたことである。

十二月七日付で、岩倉具視に送った書簡で、大久保利通は王政復古大号令の渙発《かんぱつ》を尾張・越前の両藩にも、早急に内示すべきだとする後藤の考えに反対した際、とにかく、今回のクーデタにおいては、「機密」を守ることが「肝要」で、人々が「意外の御英断」だと震え上がるほど（「人心戦栗（慄）仕り候ほど」）でないと、「朝廷の御基礎」を「確立」することはできないと、その理由を挙げた。

また、西郷隆盛は、翌八日付の、やはり岩倉具視宛の書簡で、次のように強調した。いささか長いが、該当する箇所を意訳も交えて左に掲げる。

〈今回、王政復古の大号令を発するにあたっては、「一混乱」が生じるかもしれない。が、「二百有余年」にわたって天下太平の世を気楽に生きてきた人々の状況を考えれば、「一度干戈（＝武器）を動かし」て、「天下の耳目を一新」することが必要である。すなわち、「戦ひを決し候て死中活を得るの御着眼」が「最も急務」だ。何故なら、穏和なやり方で新しい国家を「創業」していくことは大変難しいからだ。話し合いで、つまり「公論」でもって、新国家のことを議論された日には、中途半端な国家しか生み出しえない。それは「戦ひよりも亦難」しいといえる（下略）〉（傍点引

用者）

ここから解るのは、大久保・西郷の両者は、武力発動そのものよりは武力発動にともなう効果をより重視していたらしいということである。むろん、それは、彼らが武力発動の可能性を否定したということではない。

むしろ、その可能性を、それもかなりの程度で想定していたといってよいであろう。しかし、このクーデタ直前にしたためられた二つの書簡からは、彼らがクーデタ方式にこだわった最大の理由が、人心の覚醒にあったことは明らかである。

両人の言葉をかりれば、「二百有余年」の太平楽に汚染された人心を「戦慄」させる（震え上がらせる）ぐらいのことをしなければ、王政復古などという大変革をおこなうことはできないのだとの強い思いが二つの書簡には綴られている。だから「死中に活を求める」ような「御着眼」、つまり場合によっては戦争も辞さないとされた。

では、その戦争とは一体誰（どういう政治勢力）を対象に想定したものであったか。通常よく言われるような討幕を目的としたものであったのかどうか。この点をつづいて検討したいと思う。

私は、結論を先に述べるならば、大久保や西郷が武力発動をあえて口にし、クーデタ方式に固執した最大の理由は、討幕の決行にあったのではないと考える。そうではなくて、王政復古に難色をしめす会津・桑名両藩を挑発し、両藩をたたき潰すことで、佐幕派勢力に潰滅的な打撃を与え、そのあと王政復古にむけての作業を一気に進行させようとしたためだと考えている。

以下、本来ならば、事実関係を記すことで、この点を具体的に明らかにしていくのが本道ではあるが、私に与えられた紙幅上の余裕がもはやないので、詳しいことは拙著（『幕末政治と倒幕運動』）に譲って、ここではクーデタ直前のやはり西郷・大久保両人の書簡に注目して、この点を解明したいと思う。

両人の書簡とは、慶応三年十二月五日付で、鹿児島にいた蓑田伝兵衛に宛てて、別々に出されたものである。十二月九日に王政復古クーデタが実行に移される。だから、そのわずか四日前に、在藩の蓑田に、西郷と大久保の両者が、それぞれクーデタ直前段階の京都情報とその後の見通しを語った書簡を送ったということになる。

志士と政治家の違い

なお、ここで両書簡の分析に入る前に、確認しておきたいことがある。それは、西郷にしても、大久保にしても、英雄というか、志士的な側面が高く評価されている。もちろん、両者とも英雄的な人物で、決断力に富んでいる。それは間違いない。

幕末維新史にこの両人が現れなかったら、現実の歴史はずいぶん違った方向にいったであろうことは疑いない。それは事実だが、私が強調したいのは、彼らは志士以前に政治家であったということである。

私の理解するところでは、志士というのは、自分の理想のためには、なにもかも捨てて、これが一番の選択だと思えば、一命を投げ出して行動する。結果は必ずしも問わない。

ところが、政治家というのは、幾つかある選択肢の中から、ベストに近いと思われるものを選ぶ。本当はベストを選べたら、それに越した事はないのだが、現実の政治というのはそうはいかない。ここが志士と最も異なるところである。志士はベストを選ぶ。あるいは選べる。

これに対して、西郷も大久保もともに政治家で、彼らは自分達の前にある複雑な幕末の政治情勢のなかで、実現できる可能性が高いもので、一番いい選択肢を採っていこうとした。こうした彼らの性格が、これから取りあげる両人の書簡によく出ている。このことを念頭において見ていただきたい。

クーデタ直前の西郷と大久保

まず、十二月五日付の西郷書簡から見ていくが、彼はクーデタ直前の諸藩の動向を詳しく蓑田に報じている。これは、クーデタを決行するにあたって、どの藩はどのように動くかを前もって分析しておく必要があったためである。

その結果、西郷は、従来幕府寄りであった紀州藩も肥後藩も久留米藩もその他諸藩も、勤王論が優勢となっていて大丈夫だ、つまりクーデタをやっても挙兵しないとの結論に達した。そして、そのうえで、「只今の処にては、会・桑にかぎり、俗論持定いたし居り申し候」と続けた。

要するに、今のところ、俗論を主張しているのは会津藩と桑名藩だけだ。徳川慶喜が大政奉還した、朝廷が新たに政治の中心になることになった、そうした新しい政治状況に対してノーといっているのは、会津藩と桑名藩だけだというのである。

このように、諸藩の動向について詳細な分析をおこなった西郷は、続いて大変重要なことを付け加えた。

「至極、大樹も心配致し居り候段、まったくあひ離れ反正（本来の正しい状態に返る。つまり王政復古を是認した）の姿あひ顕れ候処、初めて殿下など思し召し付けられ候て、会・桑の論は幕府の趣意にあひ反し候儀を御存じ付けられ（下略）」（傍点引用者）

つまり西郷は、いままでの幕府独裁政治がよくないという徳川慶喜の考え方がはっきりしてきた、そして二条摂政も慶喜が昔の政治体制に戻すという考えを持っていないこと、および古い体制でやっていこうという会津・桑名の論が幕府（慶喜）の考え方ではないことが初めてわかったのだと報じた。

そして、さらに、この後、西郷は、「会・桑の処は、如何にも安心は出来申すまじきか、動くものならば、此の両藩かとあひ察せられ申し候」（傍点引用者）と記した。これも大変重要なことを言っている。徳川慶喜（幕府）は昔の体制に戻す気持ちはない、もしクーデタをやった場合、挙兵するとしたら会津と桑名の両藩だけだと。

同じような認識は、大久保にもあった。大久保も政治家だから、きちんと諸藩の動向を分析している。というよりも、在京薩藩指導者は、事前に状況を分析し、共通認識を有するに至っていたといった方がより正確であろう。

大久保も、十二月五日付の蓑田伝兵衛宛の書簡で、やはり諸藩の動向に触れたあと、彼らしい単刀直入さで、次のように報じた。

「会桑に至ては今に周旋もいたし、反正のかどこれ無く、……御発動の日にいたり候得ば、幕に於いて究めて干戈をもつて動き候義は万々御座無く、今は会のみの事にあひ成り候得ば、少々動き候ても差し知れたる事と愚考仕り候」

「御発動の日」とは、いうまでもなく王政復古クーデタを決行する日である。クーデタをやっても、幕府は兵を挙げて動くことは絶対にない。「万々御座無く」である。まったく無いといっている。そして大久保は、西郷よりも特定の相手を見つめている。挙兵するとしたら会津藩だけだ。だけど会津藩が動いてもしれている。

これがクーデタ四日前の、いわゆる武力倒幕派といわれる政治勢力のリーダーであった西郷と大久保両者の認識であった。これは、どう考えても武力倒幕論ではない。いままで王政復古クーデタについて、イチかバチか武力倒幕をめざした冒険主義的な選択だったという評価があることは何度も触れた。しかし、西郷・大久保両者の書簡を素直に読むかぎり、これはどう考えても、戦いの相手に想定されているのは会津・桑名の両藩（なかでも会津藩）である。

会津・桑名両藩なら、薩長の兵、さらに王政復古クーデタに加わる諸藩の兵力を合わせたら、十分に勝利を収めうる可能性はあった。これは、藩の軍事力を行使して、幕府本体を倒そうとする武力倒幕とは、全然その危険度において違う。

岩倉具視の認識

ところで、西郷・大久保両者と同様の認識（クーデタを決行しても、幕府と交戦状態になることは絶対にない。交戦するとしたら、会津藩および桑名藩とのみ、その可能性があるとの認識）は、公家側にあってクーデタの決行に最も熱心であった岩倉具視などにも見られた。

十二月六日付で、中山忠能に送った書簡で、岩倉は、昨日の明け方に、尾張藩士の林左門《はやしさもん》がやって来て、「会にて容易ならざる咄《はな》し」を聞いたと伝えられたこと、ついで幕府内に「入れ置」いている「佐倉なるもの」が来て、「是も会桑の奸（＝邪悪なこと）」を「頻りに申し」たこと、それに対し、「幕には真に心配、暴なきやう苦心の様に相違無」いと申したと、報じているからである。

西郷・大久保らが打倒しようとした相手が、会桑両藩であったことは、クーデタ断行後、京都の情勢を国元に報じた両人の書簡で、いっそう明らかとなる。西郷は、十二月十一日付で蓑田伝兵衛に宛てた書簡に、次のように記した。

「（クーデタ当日御所を）俄《にわか》に薩兵をもつて固め付け候処、些《いささ》かも動かれず、会・桑の兵も一時は仰天の様子、前もつては会・桑より暴発いたすとの説、喧《かまびす》しきことにて御座候得共、其の時に臨み候処、案外気おくれいたし、早々人数を引き纏め、二条城に両藩とも引き込み候事に御座候」（傍点引用者）

「前もつては会・桑より暴発」云々の箇所からは、西郷がクーデタ決行後、会桑両藩が軍事行動を起こすであろうと、かなりの確率で考えていたことが読みとれる。

また大久保も、十二月十二日付のやはり蓑田宛の書簡で「右御発表に就いては、一混雑は生ずべくと期し居りたることに御坐候処、会桑の処、右様（帰国の方向へ）あひ運び候て、案外無事にあひ済み」との感想を洩らした。

両書簡には、クーデタを決行することで会桑両藩を挑発し、そのあと叩きのめしてやろうと待ち構えていたにもかかわらず、両藩が乗ってこなかった（実は徳川慶喜が必死になって押さえた）ため、それができなかったことへの不満らしきものすらうかがえよう。

なお、いささかしつこいが、西郷や大久保、それに岩倉らが武力倒幕をおこなうつもりが無かったことは、クーデタ決行当日の十二月九日夕方、大原重徳・岩倉具視の両者が、尾張藩の田《た》宮如雲《みやじょうん》と越前藩の毛受《めんじゅ》鹿之助《しかのすけ》を呼び、次のような依頼をおこなったことでもさらに裏付けられる。

「何か伝聞の趣（＝様子）にては、旗下および会桑ならびに譜代の諸侯、二条城へ馳せ集まりたる由、畢竟今般御所へ兵を集められ候は、まつたく他の盗のためにする警備にて、承知の通り、決して討幕等の義にはこれ無き事なるに、万一旗下を始め、諸藩心得違出来、不慮の（＝思いもかけない）動乱を生じては、容易ならざる次第に候

へば、何卒条城（＝二条城）鎮静あひ成り候様、尾越にて厚く心配の義、御頼み成さらる（下略）」（傍点引用者）

すなわち、大原・岩倉の両者は、クーデタに激昂した幕府側将兵をなだめ落ち着かせることを、尾張・越前の両藩に頼んだわけだが、これは、クーデタ後、旧幕府側の猛反発に動揺した大原・岩倉の両名が弄した詭弁（もしくは二枚舌）とは必ずしも見なせない。それが、クーデタを決行するにあたって、彼らの中に討幕の予定はなかったからである。それが、「承知の通り、決して討幕等の義にはこれ無き」云々との大原・岩倉両者の発言に反映されたとみるべきである。

なお、再度確認するが、尾張藩も越前藩もクーデタの決行に直接的・間接的にかかわった藩である。その両藩の重要人物に、「承知の通り」云々と言っている以上、クーデタが武力倒幕を目標にして行われたはずがない。

会桑両藩が象徴したもの

さて、私は、このように、王政復古クーデタは武力倒幕をめざしたものではなく、会桑両藩を挑発し、両藩を叩くことで、王政復古政府の成立を劇的に演出してみせようとした点に最大のポイントがおかれたのではないかと主張した。では何故、会桑両藩を挑発し、叩きのめさねばならなかったのか。これは、言うまでもなく、会桑両藩が背負ったもの、象徴したものを打倒しなければならなかったからである。

両藩が象徴したものとは、ずばり言って旧体制そのものであった。いままでのような幕府制、それと表裏一体の関係にあった摂関制、こういったものの存続を図ろうとしたのが会桑両藩であった。幕府を介して諸藩が朝廷と結びつく体制をあくまで守り通そうとしたのが、この両藩であった。

だから、会桑両藩を叩きのめすことは、王政復古に疑問をもち、旧体制の存続に未練をもつ、すべての政治勢力にショックを与える、なによりも有効な手段と考えられた。しかも、両藩との戦いは、相手が強大な藩であっただけに、確かに「死中に活を求める」ほどの覚悟を求められたものの、十分に勝利を収めうる見通しがもてた。なぜなら、会桑両藩（なかでも会津藩）の孤立的状況がハッキリとしてきたため、戦いやすくなったからである。

相手が幕府本体からも、他の一般諸藩からも離れつつあった会津藩・桑名藩という個別の藩だったら非常に戦いやすい。そうした気持ちが大久保流に言えば、「差し知れたる事」という表現になって現れた。西郷や大久保らは、クーデタ方式にこだわらざるをえなかったのである。

第十三章　鳥羽伏見戦争と倒幕の達成

大号令の渙発と小御所会議

さて、王政復古クーデタは、西郷や大久保らの深い思いのもとに、十二月九日に決行された。クーデタ当日、薩摩・土佐・尾張・芸州・越前の五藩は、御所にある諸門を接収し、警備を固めた後、宮・堂上（公家）などに対して、摂政・関白等の廃職、幕府制の廃止、総裁・議定・参与の三職から成る中央政府の発足を宣言する。いわゆる王政復古大号令の渙発であった。

そして、このあと、引き続き、夕方に小御所《こごしょ》で会議が開かれた。この会議では、徳川慶喜に朝廷から与えられた官位である内大臣を辞し、徳川領の朝廷への返上を命じる問題（これを辞官納地問題といった）と、京都守護職・京都所司代の免職問題が、主として話しあわれた。そして、この会議の席上、土佐藩の前藩主であった山内豊信が「大声を発して」クーデタを非難し、慶喜を評議の席に加えることを主張し、大久保がそれに反駁するという有名な舌戦が展開される（もっとも、この会議の席で、大久保が反駁しえたかどうかについては、私は疑問に思っている。両者の身分差からいって、同席しうるはずは無い。ましてや大久保が発言できるはずは無いと考えるからである）。

それはさておき、従来の幕末政治史では、二問題のうち、辞官納地問題のみが突出した問題として取り上げられるきらいがなきにしもあらずだが、守護職・所司代の免職問題も、それにおとらず小御所会議での重大な検討課題であった。だが、会議の途中で、旧幕府側から自らの手で両職を罷免したとの連絡が入り、そのため辞官納地問題に討議が集中することになったのである。

討議の結果、辞官・納地の通知と旧幕府側の承諾を取りつけることは、松平慶永と徳川慶勝の両者の周旋に任せることに、ひとまず決定をみる。

ところで、クーデタ後の対幕強硬派と徳川慶喜（旧幕府）との関係であるが、これは対立が尖鋭化し、両者の対決が避けがたくなったと簡単に片付けるわけにはいかない。むろん、クーデタの断行は、徳川方に大きな衝撃を与え、慶喜をもふくむ旧幕府方将士の激しい憤りを招いたことは間違いない。その点で、クーデタ後、対幕強硬派と旧幕府側との対立が深刻なものとなったことは否定できない。

しかし、辞官納地問題は、冷静に考えれば、大名の列に降下することを大政奉還によって決断した慶喜および徳川家を、それにふさわしい位置に据えるためには避けて通れない問題でもあった。明らかに他の大名より高い官位（内大臣）は降下され、また旧幕府の広大な領地は大名のそれにふさわしい（ただし巨大な藩という条件は付くが）ものに削減されねばならなかった。このことは、おそらく慶喜側にも理解できたはずである。

一方、攻撃を仕掛けた側の対幕強硬派にしても、慶喜に過酷な内容の辞官納地を強要しつづけることは、事実上すぐに不可能になった。クーデタに参加した諸藩の間ですら、大政奉還を決断し実行した慶喜に対して、辞官納地（それも過酷な内容のもの）を強要することに反対する声が強く、それら諸藩の声を無視してあくまで要求の貫徹を図れば、対幕強硬派の新政府内での孤立を招くことは必至だったからである。したがって、この問題に関しては、対幕強硬派と慶喜（徳川家）との間に妥協が成立する余地は残されていた。その点、クーデタ敢行によって、疑問の余地がないほど対立がいっそう尖鋭化したのは、対幕強硬派と会桑両藩との間であった。

対幕強硬派と会桑両藩

二条城では、クーデタから二日を経過した十二月十一日、会津藩士の手代木《てしろぎ》直右衛《すぐえ》門《もん》が、越前藩士の中根雪江と酒井十之丞《さかいじゅうのじょう》にむかって、「薩兵すでに城（＝二条城）へ迫るの報知あり、先きんずる時は人を制す、今討たずんば戦機を失して敗を取らんとす、如何思ふと血眼になつて詰問」し、両人が鎮静につとめるといった事態が出現する。そのため、西郷や大久保らの眼は、クーデタ決行後もあい変わらず会桑両藩の動向に注がれることになった。

たとえば、一例を挙げると、西郷は、十二月十一日付で蓑田伝兵衛に送った書簡で、「只今は会・桑の両藩」のみが不穏な様相を呈し、他藩は「傍観の姿」であること、「幕府の処も、大樹は反正と申す事」だが、「下の者（＝旗本・御家人ら）沸騰にて、鎮定」が難しいと「申し立て」ていると報じた。クーデタ敢行後も、会桑両藩に注ぐ西郷の視線の冷たさは一目瞭然である。

更始一新や公議世論の尊重といったアピールとは裏腹に、とかく打倒会桑に執念をもやしがちな対幕強硬派の動向を見抜き、真正面からこれを批判し続けたのは、山内豊信であった。豊信は十二月十二日、建白書を朝廷に提出し、王政復古クーデタ後の状況を次のように批判した。

〈王政復古大号令が発令されてから、「ただ幕会桑のみ、これ見るの形勢」がある。……「もつぱら会桑暴挙」の噂をもつて、しきりに警戒し、偵察をおこなうように命ぜられるが、これは「多く浮説流言」によっている。此等のことは、すでに京都市中の警備にあたっている「五・六藩」に任せたら済むことだ。辞官納地問題については、松平慶永に取り扱いを委任したらいい。とにかく、早く「公平」な体裁にもっていくことが、いま現在、「肝要」だと思う〉

山内豊信（土佐側）は、「幕会桑」の動向をのみ注視する在京薩藩指導者らの状況を、それまでのいきさつにとらわれていると受けとめ、更始一新の精神に反すると痛烈に批判したのである。

慶喜一行の下阪

こうした中、十二月十二日には、徳川慶喜が松平容保と松平定敬の両者をつれて二条城を出て、大阪に向かう（翌十三日、大阪に到着し、大阪城に入る）。徳川慶勝・松平慶永の連名で朝廷に出された上書には、人心が折り合うまで、しばらく大阪に滞在し、十分に鎮静が行き届いたうえで上洛し、朝命を待つのが良いと判断したとの下阪理由が挙げられていた。そして、同時に、「会桑二藩」をそれぞれ国元に帰す予定であることも併記されていた。

ところで、この慶喜一行の下阪は、幕府側にきわめて有利な状況をもたらすことになったといえる。ひとつは、下阪によって会桑両藩士をふくむ幕府方将兵の暴発が未然に防止されたことである。そして、これには徳川慶喜の決断がむろん大きくあずかっていた。慶喜は、激昂する会桑両藩兵や幕兵をなだめ、ようやくのことで大阪まで連行することに成功したのである。

このことは、十二月二十三日夜に認《したた》められた、在阪老中から江戸にいた老中への書簡に、「御端書をもつて所司代守護職にも去る九日御免あひ願い、大阪え御供いたし、漸《ようや》くの事にて、京地に於いて暴発にあひ成らず」云々と記されていたことでも明らかである。

「漸くの事にて」というところに実感がこもっている。そして、このことによって会桑両藩を挑発し、両藩を叩くことで旧体制を一気に粉砕しようとした西郷や大久保らの目論見がはずれることになった。すなわち、対幕強硬派が仕掛けた罠が不発におわり、西郷や大久保らのチャンスが遠ざけられた。これはむろん徳川慶喜にとって大勝利といってよいものであった。

いまひとつは、大阪という、経済上のみならず、軍事上の拠点ともなりうる場所を完全に押さえる結果がもたらされたことである。これによって幕府側は、京都を場合によっては封鎖することも可能となった。いわば京都の生殺与奪の権をにぎった。これが慶喜サイドにとって、なによりも有利な条件となったことはいうまでもない。そして、このことは、在阪老中も、いち早く認めたところである。

対幕強硬派の軟化

効果はさっそく現れた。慶喜一行が下阪した当日（十三日）に、岩倉具視から慶喜下阪後の対策を至急確定することを求められた薩摩側は、強硬路線を放棄し、しばらく慶永・慶勝両者の周旋に任せ、慶喜に真の反省がみられたならば、過去はとがめず、慶喜の議定職への就任を認めることを岩倉に言上におよぶ。

これを受けて岩倉は、翌十四日、慶喜の官位問題について妥協的な姿勢をみせた。それは、新政府側が官位の降下を一方的に命じるのではなく、慶喜自身が内大臣の官位を辞退し、前内府（前内大臣）と称することを許すというものであった。

そして、十六日に岩倉は、辞官納地を命じる新政府からの通達方式に代えて、慶喜の方から願い出るかたちを採った朝廷への奏請書の文案を後藤象二郎らに示したが、そこには「領地返上」の文字はなかった。すなわち、奏請書には、「今般辞職聞こし食《め》され候に付ては、辞官仕りたく、かつ王政復古に付、政府御用途の儀も、天下の公論をもつて所領より差し出し候様仕りたく」との文章が記されていた。岩倉は、慶喜サイドが受けいれやすい文案を提示したのである。

慶喜の上洛問題

このように、薩摩藩と岩倉が柔軟な姿勢をみせる中、慶喜の上洛を早急に実現しようとする動きが活発となってくる。十二月十七日、慶喜の上洛を促す岩倉の懇請を受けて、松平慶永・徳川慶勝、それに後藤象二郎と慶喜側近の永井尚志らの間で、慶喜が上洛し、辞官・納地の両問題について慶永・慶勝の両者に口頭で自分の考えを伝え、それを両者が書き取ったものを天皇に奏達し、天皇が承諾したうえで、慶喜が参内するという手順が決定する。そして、翌十八日、永井が慶喜の上洛を促すために下阪する。

もっとも、この日（十八日）夜に、クーデタを非難する徳川慶喜の奏聞状が、大目付の戸川《とがわ》伊豆守《いずのかみ》によって京都にもたらされたが、岩倉具視・松平慶永・後藤・戸川らの話し合いで奏聞状の提出が見送られる。そして、戸川が帰阪し、大阪城で再び評議がおこなわれた結果、慶喜は、松平慶永・山内豊信宛の直書で自身の早期上洛を了承する。

ついで、二十二日、今度は京都で、前夜上洛してきた永井尚志を加え、土佐・越前両藩関係者の間で、今後の対策が話し合われる。その結果、朝廷から①慶喜の上洛を求める沙汰書をくだす→②慶永・慶勝の両者が沙汰書を持参して下阪する→③慶喜の受諾→④慶喜の上洛の線で、相談がまとまり、翌日の三職会議で慶永・慶勝の両者から、この手順で最終的な決着をつける方針が提案されることになった。

一方、大阪では、この二十二日、下阪した越前藩の中根雪江・尾張藩の田中国之輔《たなかくにのすけ》と、板倉勝静ら旧幕老中との間で、朝廷より御沙汰があり次第、慶喜が上洛することで合意が成立する。そして、引き続き、沙汰書に対する「御内答書」の文案をめぐって討議が重ねられた。その結果、辞官については朝廷の命令どおりとすること、政府に提供する費用については全国諸大名の総石高に応じたものとすることで決着がつく。つまり幕府だけが犠牲を払うことはなくなったのである。

そして、翌二十三日、大阪からもたらされた「御内答書」に若干の添削が加えられた後、小御所での三職会議にそれが提出された。しかも、三職会議では、薩摩藩士の異論を防ぐため、山内豊信と松平慶永両者の建議によって、諸藩出身者よりなる「下の参与」の列席を認めなかった。ここに勝敗は実質的についたといってよいであろう。

そして、この日と二十四日の三職会議で、徳川領地の返上を求める中御門経之や正親町三条実愛らと、それに反対し諸侯一同の領地返上を主張する松平慶永らが衝突したものの、結局後者の意見が通った。すなわち、領地返上の文字を削除した沙汰書（「御政務用度の分、領地の内より取り調べのうへ、天下の公論をもって御確定遊ばさるべく候事」）が尾越両藩に下り、慶永・慶勝の両名が下阪して周旋にあたることになった。

この決定は、幕府に下す沙汰書に辞官と領地返上の文字を挿入することを強く求めた大久保らが敗北したことを、もちろん意味した。大久保の表現を借りれば、「尾越土公の御趣意は、是非軽装をもって徳川氏（＝徳川慶喜）を上京せしめ、両事件御受けの奏聞をなさしむるとの見込みにて、此節御達の御文面も尾越御願どほり朝廷よりあひ下され候」ことになったのである。

状況は明らかに慶喜サイドに有利に、大久保ら薩藩対幕強硬派に不利な方向にいきつつあった。そして二十六日には、着阪し登城した慶永と慶喜との対面がなされ、慶喜の積極的な同意が表明される。ついで二十八日、沙汰書に対する請書を徳川方は慶永に提出する。ここに慶喜が入洛後ただちに参内し、議定職に就任することがほぼ確定した。

徳川氏本体の打倒

さて、問題は、このように追い詰められた在京薩藩指導者（対幕強硬派）が、どのように自分たちの立場を認識し、反撃に転じたかである。

西郷は、十二月二十八日付で蓑田伝兵衛に宛てた書簡で、「爰許《ここもと》（＝京都）の儀、はかばかしく運びかね申さず」とまず苦境にあることを伝えた。そして、そのうえで、慶勝・慶永の建言、土佐・芸州両藩（なかでも後藤象二郎）の周旋をうけて慶喜の上洛が実現するであろうこと、「是より慶喜を議定に引き出し、何とか策を廻し候はんかと大いに苦心仕り候事に御座候。然しながら五卿方も昨日御着京あひ成り」云々と、太宰府に幽閉されていた三条実美らが帰洛（十二月二十七日）したので、劣勢を挽回することも不可能ではないとの見通しを示した。また同様の認識は、大久保にもみられた。

そして、ここに注目すべきは、対幕強硬路線に批判的な政治勢力の前に完全に追い詰められ、孤立感を深めた彼らが、この段階で、はじめて真の意味で徳川氏本体の打倒を考慮しだすことである。

十二月二十八日付の蓑田宛の書簡で、大久保は、「勤王の藩も段々あひ起り、戦争にあひ成り候ても朝廷御兵力は十分にて、決して懸念御坐無く候」と報じた。ここで大久保が記している「戦争」とは、このすぐ後に、「外国の処、サトー（＝イギリス公使館通訳のアーネスト・サトウ）え寺島（＝薩摩藩士の寺島宗則《てらしまむねのり》）より引き合せ、彼の口気も旧幕を助け候儀は御坐無く候。今日にあひ成り候ては、下一同の人心、今般徳川氏不逞の所為を悪《にく》み候様あひ成り、大幸の至（に）御坐候」とあることからも明らかなように、徳川氏本体を打倒対象に想定したものであった。

対徳川戦はなぜ想定されたか

大久保が、この段階で対徳川戦を想定するに至ったのは、単に徳川慶喜の議定職就任と、それに引き続く慶喜の王政復古政府内での主導権の掌握を恐れたからではない。

慶喜の議定職就任は、大久保らの当初の許容範囲（もともと薩摩藩には、中央政界に乗りだした当初から、よく言えば少数精鋭主義、悪く言えば排他的な傾向が濃厚にあり、それが長州藩をはじめとする他藩の憤りを招く一因となっていた）をはるかに越えて、政権の基盤を拡大しようとする志向性のあらわれ（しかも象徴的な）であったがゆえに、阻止しなければならなかったのである。

また当時、「下の参与」に肥後藩の溝口貞直《みぞぐちさだなお》（孤雲《こうん》）や津田信弘《つだのぶひろ》（山三郎《やまさぶろう》）らが起用され、西郷などはこれを批判したが、これも同様の志向性と受けとられたからこそ、批判の対象になったといえる。

事態の推移をこのまま認めれば、旧体制の否定と新しい政治体制の創出を、クーデタ方式という断ち切り方で劇的に演出してみせた効果はなし崩し的に消え去っていく。「是程の御大変革に及ばせられ候を、なまじひのことにて御済せあひ成り候へば、旧日より(弊害が)あひ増し候場合に立ちいたり申すべく候」との大久保らの苛立ちは、ひとえにこの点にあった。

しかも大久保らをして危機感をいっそう強めさせる事態が、クーデタ後に生じていた。慶喜の要請を受けて、いったん大阪に退いた会津藩兵や新撰組などが、淀、橋本、伏見あたりに兵士を繰りだし、新政府に揺さぶりをかけてきたのである。

十二月二十一日付で西郷に送った書簡で、大久保は、この問題に触れ、「淀え会(=会津藩)大砲あひ備へ、橋本辺え人数繰り出し、伏見新撰組横行の次第、現在朝廷に対し奉り異心を顕し候義、それを邪佞《じゃねい》のため、一言朝廷より御沙汰成されかね候は、古今衰世の習とは申しながら、慨すべし嘆ずべし」と強い不満を洩らした。

もっとも、大久保が強調したほど、朝廷が何もしなかったわけではない。大久保らの働きかけを受けて、十八日の夕方には、会津・桑名両藩兵の藩主ともどもの帰国を求める再度の朝命を尾越両藩へ下した。そして、引き続き、二十一日には薩長芸土四藩に伏見表の巡邏を命じる朝命を下した。ところが、二十三日、土佐・芸州両藩はこれを辞退し、とうとう出兵しなかった。土佐・芸州両藩には、大久保らほど会津・桑名両藩に対するわだかまりが無かったためであろう。また、土佐・芸州両藩は会桑両藩とのトラブルに巻き込まれることを避けたといってもよい。そこで薩長二藩が巡邏にあたることになり、会津藩兵等との戦闘がただちに発生しかねない形勢となる。

徳川氏打倒の意思表示

この段階で、大久保らは、改めて慶喜への不信と徳川氏打倒の意思を表明するのである。それは、①下阪後の徳川方の動向が信用できないこと（具体的には、淀・伏見あたりに兵士を繰り出していること、会桑両藩の帰国がいまだに実現をみていないことの二点）、②大政奉還後、外国側の求めに応じて与えた徳川方の返簡が王政復古の趣旨に反することを根拠とするものであった。

ついで、翌慶応四年一月三日、鳥羽伏見戦争がまさに勃発せんとする直前、大久保は岩倉具視に提出した意見書で、またまた徳川氏打倒の必然性を強調した。その中で、大久保は、王政復古クーデタ後の朝廷の失策を逐一挙げてみせた。いまここでは、煩わしいので、いちいち取り上げないが、いかにも大久保らしい粘っこい理由づけがなされている。その中には、当然のことながら、旧幕府（徳川慶喜）に対する批判として、会桑両藩をいまだに帰国させていないことが含まれていた。

また、大久保は、十二月二十三、二十四両日の三職会議で、徳川慶喜の上洛を認め、旧幕府を擁護する政治勢力に台頭するチャンスを与えたことを朝廷の失策と批判した。さらに、大久保は、このまま徳川慶喜が上洛すれば、参朝は申すにおよばず、議定職に任命されんことを「扶幕（＝幕府を助ける）の徒」が必死になって尽力するであろうと、いま自分たちが危機的状況下にあることを岩倉に力説したのである。

大久保が、この段階で敵として意識していたのは、徳川慶喜と並んで、尾張・越前・土佐藩等の「扶幕の徒」であった。事態をこのまま放っておけば、徳川氏および場合によっては会桑両藩をも含む雄藩連合政権が成立し、王政復古クーデタが、旧来の封建支配体制の修正・再編にとどまる危険性がでてきた。大久保は、なんとしてもそういった事態の出現を阻止しようとしたのである。そこで大久保は、岩倉に現状打開策として、「勤王無二の藩」がきっぱりと戦争を覚悟し、協力しあって「非常の尽力に及」ぶことを提唱する。この場合の「干戈」を交える相手が、「勤王無二の藩」以外の扶幕勢力を総体として指すことは改めて指摘するまでもなかろう。そして、この段階で、扶幕勢力が担ごうとした徳川慶喜（徳川家）の打倒が想定されるに至るのである。

しかし、これは、長州藩兵の上洛や五卿の帰洛、あるいは外国側が旧幕府を援助しないであろうといった希望的な観測にもとづくプラス要因はあったものの、幕府の軍事力が慶応期に推進された軍制改革によって強化されたとの認識が広く浸透していたこともあって、王政復古クーデタを決断した時点よりも、はるかに大久保らに冒険主義的な選択（文字どおり「イチかバチかの大バクチ」）を迫ることになったのである。

薩摩藩邸焼き打ち

さて、このように大久保利通らは、鳥羽伏見戦争の直前、切羽詰まった状況におかれた。そのため、この段階で大真面目に徳川氏本体の打倒を主張するに至った。こうした中、十二月二十五日の払暁に、江戸で、市中における浪人の暴行に業を煮やした幕府が、庄内藩兵などをもって江戸の薩摩藩邸を焼き打ちする事件が起こる。

なお、ついでに書き加えると、この事件には、西郷隆盛や岩倉具視の指示をうけた薩摩藩士らが江戸に下り、彼らが江戸の薩摩藩邸を拠点に、江戸市中と関東各地で幕府を挑発するための行動を開始したことが大いに関係していたと、長年、一般的にはみなされてきた。しかし、いまでは、このような見方は否定されつつある。

それはさておき、この焼き打ち事件が、徳川家の運命を大きく変えることになったのである。すなわち、この報が、大目付の滝川具挙《たきがわともたか》によって十二月晦日に大阪にもたらされると、形勢は文字どおり一変する。

慶喜の鎮撫によって、それまでなんとか押さえられていた旧幕府方将兵や会桑両藩兵らが激昂し、一気に事態は「伐薩除姦」、つまり憎くて仕方がなかった薩摩藩の罪を問い、同藩を討伐せよということになった。また、あわせて、薩摩藩に同調するあくどい公家などを除けということにもなった。なにしろ、大阪城にいた彼らは、「薩の所業、まつたく私を営むの趣意にて、怨み骨髄に徹す」という状況下にあったからたまらない。到頭、慶応四年一月二日、いわゆる討薩の表(奏聞書)を携えた旧幕府軍の京都への進軍が開始される。

この時、旧幕側(徳川慶喜)にとって、取り返しのつかない致命的なミスとなったのは、彼らがいつでも戦闘状態に入りうる臨戦態勢で行軍しなかったことであった。これは、朝幕間にあって周旋活動をおこなっていた諸藩が慶喜の上洛を待ち望んでいたこと、京都からたびたび慶喜の上洛を促す催促があったために、幕府側が安易に上洛できると思いこんでいたことにもよっている。

鳥羽伏見戦争勃発

しかし、鳥羽・伏見を固めていた薩摩藩兵は旧幕府軍の上洛を許さず、翌一月三日、旧幕府軍に発砲し戦争状態に移行する。この薩摩側が発砲したというところに、深い理由（背景）と決意が隠されていたことは一目瞭然である。薩摩側には発砲せざるをえない理由があったのである。そして戦闘は、よく知られているように、徳川方の軍略・戦法上の不備、不意をつかれたことによる指揮系統の混乱、淀・津両藩の寝返りなどによって、旧幕府側の大敗に終わる。

この間、獅子奮迅の活躍をみせたのは、会津藩兵であった。幕府の陸軍奉行だった竹中重固《たけなかしげかた》が同僚らに報じたところによると、会津藩兵の「勢ひ盛んにして、薩も当るべからざる」戦いぶりを会津側はみせた。もっとも、そのため会津藩兵は行軍に参加した八百人の内五百人余が討ち死に、もしくは手負い（負傷者）となったという。

そして、大久保が「元より会桑暴徒頼切たる人数、尽く打散され、実に大愉快に堪へざる次第也」と、その日誌に記したのは、一月六日のことであった。そして、翌七日、議定・参与、それに在京の諸大名を小御所に召集したうえで、総裁有栖川宮熾仁親王から徳川慶喜追討の号令が下る。

慶喜の追討にあたっては、大阪城への引き取りが詐謀にもとづくものであったとみなされたことに加え、「前に御暇遣はされ候会桑等を先鋒とし」て京都への進軍を開始したことが、追討理由として挙げられた。

鳥羽伏見戦争の影響

ところで、鳥羽伏見の戦いで旧幕府方が敗北を喫した影響は、むろん大きかったといわねばならない。

その第一は、王政復古政府内で優位に立ちつつあったアンチ対幕強硬派が勢力を失墜し、対幕強硬派の指導権が確立したことである。また、それにともない、徳川慶喜をもふくむ諸侯の同盟政権を樹立しようとする動きが頓挫する。そして、封建諸侯ではなく、天皇を名実ともに政治的主体とする新国家建設への途が一気に切り拓かれた。また、それまで日和見をきめこんでいた近畿以西の諸侯ならびに京阪地域の大商人の新政府支持の態度が確定し、新政権は政治面でも財政面でも安定性を増した。

このように、鳥羽伏見戦争は、これ以後、新政府軍と旧幕府軍らとの間に展開された上野戦争・東北戦争・北海道戦争（これら一連の戦争は、鳥羽伏見戦争と合わせて、戊辰戦争と総称される）と較べても、格段に重要な歴史的意義を有した。

そして、この戦争直前に、取り返しのつかない人生最大のミスを犯した徳川慶喜は、敗北がハッキリした段階で、「朝敵」となることを恐れたため、松平容保・松平定敬の両者をともなって海路江戸に逃げ帰り、そのあと恭順の意を表明して、上野の寛永寺に引き籠もった。すなわち、自らは謹慎生活に入るとともに、勝海舟などを通じて、江戸開城と新政府軍への武器艦船の引渡しをおこなった。

ここに、名目的にも実質的にも、江戸幕府は全国にまたがったその支配を終えることになったといってよい。しかし、ここで最後に強調しておきたいことは、それは、多くの人がいままで想像してきたように、薩長両藩によって展開された粘り強い、しかも一貫した武力倒幕運動のもたらした成果というよりも、ワンチャンスを確実にいかした在京薩藩指導者（対幕強硬派）の起死回生の策がものの見事に決まった結果といった方が、より適切であったということである。

いうなれば、三点差で負けていたのを、九回の裏ツーアウト後に放たれた一本の逆転サヨナラ満塁弾が試合を引っくり返したにも等しい結末であった。

おわりに

以上、十数章にまたがって、江戸幕府による支配が、いかにして打倒されたのかという問題を取りあげてきた。もとより、乱暴な説明で、読者諸氏の十分なご理解を得られなかったのではないかと恐れる。

私が強調したかったのは、明治以後の日本人のおそらく誰もが想像してきたほど、薩長両藩の「倒幕芝居」における役割は、圧倒的なものではなかったということにつきる。すくなくとも、薩長両藩が英雄的な行動を起こし、ほとんど独力で幕府を倒したのではない。別の言い方をすれば、薩長両藩が藩を挙げて一貫して武力倒幕をめざす運動を展開した結果が、倒幕に直接つながったわけではない。それよりも、在京薩藩指導者が「窮鼠《きゆうそ》猫をかむ」思いで反撃に転じたのが功を奏して、最後の最後の段階で倒幕が達成されたといったほうがより史実に近いといえよう。そういう意味では、在京薩藩指導者にとって、倒幕は「僥倖」の結果といってよいかもしれない。

たしかに、薩長両藩は、幕府政治が終わるうえで大きな役割を果たした。特に第二次長州戦争や鳥羽伏見戦争前後での役割は大きかったといえる。なかでも後者の占める位置は、決定的であったとすらみなせる。私は武力倒幕派なる言葉を使って幕末史を説明する必要はない（対幕強硬派もしくは抗幕派といった言葉で十分だ）と考えているが、もし武力倒幕派なるものが成立したとしたら、鳥羽伏見戦争直前の時点だと思っているくらいである。

それはともかく、私の一連の話のなかで最も大きなウェイトを占めた、なぜ幕府政治が終わりを告げたのかという問題を考えた場合、薩長両藩がはたした役割よりも、もっと大きな功績をあげた何物かが他にあったとみざるをえない。それが何かといえば、いままでの政治体制では駄目だという多くの人々の思いであった。これが結局、幕府政治を終わらせた。こう考えるべきだと思う。

一会桑三者による朝廷上層部と結びついた支配のあり方が崩壊したのも、それが諸藩の多くや、一般の公家、それに民衆の声を、軽視もしくは無視して、ごく一部の者の考えのみでやっていこうとした、それが否定された結果であろう。

また、一会桑三者などが中心となって推し進めた対長州戦がうまくいかなかったのも、日本全国に内輪もめはやめておけという意見が非常に強かったことがやはり要因としては大きい。だから幕府や朝廷から命じられても諸藩の多くは対長州戦争に熱心に取り組まなかった。そして結局、これが幕府政治の崩壊にとって致命傷となった。

もちろん、第二次長州戦争においては長州藩が頑張ったことも大きい。それは事実であるが、それ以上に、いまはそんな時代じゃない、統一国家を新たに作って欧米諸国と対峙しなければ、外国の植民地になるといった多くの藩や人々の危機感が、第二次長州戦争を幕府側の敗北に終わらせた。それが公論だとか衆論だとかの力だと思う。結果的に幕府を倒していったのは、いままでの政治体制では駄目だという多くの人たちの意思であった。

それを明治以後、薩長などやがて藩閥政治を築く側の政治勢力が不当に覆いをかけて、西南雄藩討幕派史観を強調することで手柄を独り占めした。あわせて近代天皇制国家を薩長等が支える根拠づけに利用し、自分たちの思う方向に国家を引っ張っていった。こう考えている。

最後に、西南雄藩討幕派史観が、明治以後の日本人におよぼした負の遺産について、ほんの少しふれて、筆を擱くことにしたい。

私は、西南雄藩討幕派史観のなによりも大きな罪は、二つあったと考えている。ひとつは、西南雄藩を特別視することと引き換えに、二重の抹殺がなされ、幕末史がひどく偏った内容のものとなったことである。二重の抹殺とは、幕府・朝敵諸藩の抹殺と、薩長両藩内にも多数存在した対幕強硬路線反対派の抹殺である。

前者についてては、本書の冒頭部分でもふれたので、ここでは再度繰り返さない。要は、これによって、極言すれば、薩長をはじめとする西南雄藩以外は語るに値しない存在とされてしまった。そのため、幕末史の理解が浅薄で、いびつなものとなってしまった。なにしろ、幕府側も佐幕諸藩もともにまともな評価が下されないのだから、西南雄藩に都合の良い、いわば勝者一辺倒の歴史になってしまった。敗者には敗者の言い分があった筈なのに、それが無視されてしまった。

そして、これは、なにも幕府側や佐幕諸藩にかぎったことではなかった。他ならぬ勝者側であった薩長両藩にもあてはまった。たとえば、長州藩の場合、有名な正義派と俗論派の対立というのがあった。また、それ以前は坪井九右衛門《つぼいくえもん》派と村田清風派の対立があった。俗論派というのは、元治の内戦で勝者となった高杉晋作らが、自らを正義派と称し、反対派を俗論派と蔑んで名づけたものである。そして以後、長州藩の歴史は、勝者である正義派そのものの歴史となった。それは村田清風から始まり、周布政之助《すふまさのすけ》・吉田松陰《よしだしょういん》を経て、高杉晋作や桂小五郎（木戸孝允）に至る人脈をとにかく顕彰し、正当化するものとなった。

しかし、当然のことだが、やがて俗論派として片付けられるに至った長州藩内の敗者（勝者内の敗者）の動向をも正当に視野に入れなければ、同藩の幕末期の実態は到底理解できるものではない。ということは、日本全国にまたがる幕末史も正確には理解できないということでもある。ところが、これがいまでも驚くほど明らかにできない。維新後の凄まじい弾圧で、関係者（もちろん敗者側）が一族もろとも離散したり、関連史料が処分されたりしたためである。なんのことはない。長州藩においてすら、正確な史実の確定ができないでいるのが現状である。

同じようなことは、薩摩藩についても言えるかと思う。同藩でも、西郷や大久保らの進める対幕強硬路線に対する危惧の念は強く、彼らへの反発の声は大きかった。だから、前述したように、慶応三年の終盤に藩主一行が京阪地域に出て行く際、わざわざ家老以下に、これは討幕のための出兵だなどと心得違いをしては駄目だと諭達を出した。そうしないと藩内の統一が保てないほど、強硬路線に対する反発が渦巻いていたということである。

さらに、これも既述したことであるが、大政奉還直前の時点で、大久保・西郷・小松の三者が中山忠能らの公家に働きかけて、「討幕の密勅」なるものを薩長両藩に出してもらったのも、このことと大いに関係があった。つまり藩内の反対派を天皇の勅によって押さえ込もうとしなければいけないほど、対幕強硬路線に対する異議の声が強かったのである。

ところが、いざ倒幕が達成されると、これらの声は当然のことながら無視され、抹殺されてしまった。その結果、歴史の表面から消されてしまった。すなわち、薩摩藩でも長州藩と同様のことが起こったわけである。このことを、私は問題にしたいのである。

西南雄藩討幕派史観のいまひとつの大きな罪は、明治以後の日本人が、その実態以上に幕末期の政治過程を英雄的なものとして受けとったために、他国ことにわが国の周辺諸国に対して、変な優越感を持つに至ったのではないかということである。

つまり、自分たちは中国・朝鮮をふくむ他のアジア諸国とは違って、自らの力で雄々しく旧体制を打倒したんだという意識を強く植えつけられた。幕末維新期に活躍した多数の英傑たち（それは薩長をはじめとする西南雄藩出身のいわゆる勤王派の志士たちである）の勇気ある決断と、その実行力によって旧体制が打倒されたことが、ことさら強調された結果である。そして、明治以後のいわゆる近代化の成功も、旧体制を中国・朝鮮に比して、早期に打倒したことに、その要因の多くが求められた。

私は、むろん、そういった面があった（それもかなりあった）ことを否定しないが、問題は江戸期の日本社会が営々として培ってきた合議や衆議を重んじる声に押されて旧体制が打倒された側面にあまり眼がいかず、華々しい武力倒幕芝居との関連で旧体制の破壊が論じられるようになったことである。

それが、雄々しく猛々しい日本人像となり、日本のアジア世界におけるリーダー的役割の過度の鼓吹ともなったのではないか。明治初年の征韓論的発想、その後の海外雄飛論、そしてその仕上げともいうべき大東亜共栄圏的発想、こういうものとも繋がっているのではないか。こういったことをいま漠然と考えている。

以上、最後は雑駁な感想になってしまったが、ここで本書の記述を終えることにしたい。

あとがき

私にとって最初の著作となった『幕末政治と倒幕運動』を世に出してから、早いもので六年以上の歳月が流れた。その後、他の仕事にかまけて、幕末期の勉強は、いわば放りっぱなしの状態が続いた。もっとも、そうはいっても、新しい史料に接する機会があり、自説を訂正する必要も出てきた。

本書は、こうした状況下にあった私が、自著の修正かたがた、新たな成果を盛り込もうとして成ったものである。六年余の歳月が少しは私の成長を促し、当該期に関する理解を深めてくれたのではないかと思いたい。

この私の前に現れて、本書の執筆を強く勧めてくださったのが、それまで面識の無かった文春新書編集部長の浅見雅男氏であった。元来が、子供時分から極度の臆病者で、後退り《あとずさ》を繰り返してきた私には、氏の申し出が無ければ、とうてい小著といえども、このような形で自分の考えをまとめることはできなかったであろう。その後の適切なアドバイスとともに、氏には深く感謝したい。

なお、本書の脱稿後、読み直してみて、今年大きな問題となった「教科書」問題とも、本書の内容が多少係わりがあると感じた。このことは、私のもとより意識したことでは無く、また論争に加わる気持ちなど毛頭ないが、教科書問題に関心をもつ方に、少しでも参考になる点があれば幸いである。

私は、正確な史実を確定していくこと、そして、それを素直に受け入れる度量をもつことが、なによりも大事だと考えている。むろん、これは、個人レベルでも国家レベルでも同様である。

最後になったが、本書では、読者が読みやすいようにと考え、引用史料にふりがなをつけたり、読み下しに改めるなど表記を改めた。また年月日は、陰暦のそれである。このことを付記しておく。

平成十三年十一月

家近良樹

〈元号・西暦対照表、官職など在任表〉

元号・西暦対照表

弘化	1844.12.2～48.2.27
嘉永	1848.2.28～54.11.26
安政	1854.11.27～60.3.17
万延	1860.3.18～61.2.18
文久	1861.2.19～64.2.19
元治	1864.2.20～65.4.6
慶応	1865.4.7～68.9.7

年月日は陰暦（各表同じ）

天皇在位表

孝明	1846.2.13～66.12.25
明治	1867.1.9～1912.7.30

明治天皇崩御年月日は陽暦

関白在任表

鷹司政通	1846.2.13～56.8.8
九条尚忠	1856.8.8～62.6.23
近衛忠熙	1862.6.23～63.1.23
鷹司輔熙	1863.1.23～63.12.23
二条斉敬	1863.12.23～67.1.9

内覧在任表

鷹司政通	1823.3.19～58.7.27
九条尚忠	1856.8.8～58.9.4
近衛忠熙	1858.9.4～58.10.19
九条尚忠	1858.10.19～62.6.23
近衛忠熙	1862.6.23～63.3.25
鷹司輔熙	1863.1.23～63.12.23
二条斉敬	1863.9.19～67.12.9

征夷大将軍在任表

家定	1853.10.23～58.7.6
家茂	1858.10.25～66.8.20
慶喜	1866.12.5～67.12.9

大老在任表

井伊直弼	1858.4.23～60.3.3
酒井忠績	1865.2.1～65.11.15

主要老中在任表

久世広周	1851.12.21～58.10.27
〃	1860.閏3.1～62.6.2
堀田正睦	1855.10.9～58.6.23
脇坂安宅	1857.8.11～60.11.29
〃	1862.5.23～62.9.6
間部詮勝	1858.6.23～59.12.24
安藤信正	1860.1.15～62.4.11
板倉勝静	1862.3.15～64.6.18
〃	1865.10.22～68.1.29
小笠原長行	1865.10.9～66.10.6
〃	1866.11.9～68.2.10

京都守護職在任表

松平容保	1862.閏8.1～64.2.15
松平慶永	1864.2.15～64.4.7
松平容保	1864.4.7～67.12.9

京都所司代在任表

酒井忠義	1843.11.3～50.7.28
〃	1858.6.26～62.6.30
内藤信親	1850.9.1～51.12.21
脇坂安宅	1851.12.21～57.8.11
本多忠民	1857.8.11～58.6.26
松平宗秀	1862.6.30～62.8.24
牧野忠恭	1862.8.24～63.6.11
稲葉正邦	1863.6.11～64.4.11
松平定敬	1864.4.11～67.12.9

主要参考文献など

＊研究書・一般書
遠山茂樹『明治維新』（岩波書店、一九五一、一九七二改版）
原口清『戊辰戦争』（塙書房、一九六三）
田中彰『明治維新政治史研究』（青木書店、一九六三）
石井孝『増訂　明治維新の国際的環境』（吉川弘文館、一九六六）
大山敷太郎『幕末財政金融史論』（ミネルヴァ書房、一九六九）
田中彰『明治維新観の研究』（北海道大学図書刊行会、一九八七）
『大久保利謙歴史著作集　第七巻　日本近代史学の成立』（吉川弘文館、一九八八）
毛利敏彦『明治維新の再発見』（吉川弘文館、一九九三）
小野正雄『幕藩権力解体過程の研究』（校倉書房、一九九三）
井上勝生『幕末維新政治史の研究』（塙書房、一九九四）
家近良樹『幕末政治と倒幕運動』（吉川弘文館、一九九五）
藤田覚『近世政治史と天皇』（吉川弘文館、一九九九）
宮地正人『幕末維新期の社会的政治史研究』（岩波書店、一九九九）
家近良樹編『幕政改革』（吉川弘文館、二〇〇一）

＊研究論文
遠山茂樹「文久二年の政治情勢―張紙・投文を中心として」（『歴史学研究』一一四、一九四三）

青山忠正「薩長盟約の成立とその背景」（『歴史学研究』五五七、一九八六）
同「慶応期の政治過程と討幕の意義」（『日本史研究』二八三、一九八六）
嶋村元宏「幕末通商外交政策の転換」（『神奈川県立博物館研究報告』二〇、一九九四）
箱石大「公武合体による朝幕関係の再編―解体期江戸幕府の対朝廷政策」（山本博文編『新しい近世史一　国家と秩序』所収、新人物往来社、一九九六）
久住真也「慶応元年将軍進発態勢の創出―長州『再征』に関する一考察」（『史学雑誌』一〇九―六、二〇〇〇）

＊史書・伝記（刊行年はすべて省略した）
福地源一郎『懐往事談』（民友社）
山川浩編述『京都守護職始末』下巻（非売品）
『維新史』四（明治書院）
『孝明天皇紀』一～五（平安神宮）
渋沢栄一『徳川慶喜公伝』四（平凡社）
瑞山会編『維新土佐勤王史』（日本図書センター）
末松謙澄『修訂防長回天史（第五編）』下巻（柏書房）
『続徳川実紀』三・四・五（吉川弘文館）

＊史料（東京大学出版会刊「日本史籍協会叢書」に収録されているものは「叢書」と略した。また刊行年はすべて省略した）
『再夢紀事・丁卯日記』（叢書）

『続再夢紀事』一・二・六（叢書）
『朝彦親王日記』一・二（叢書）
『一条忠香日記抄』（叢書）
『大久保利通日記』一（叢書）
『大久保利通文書』一・二（叢書）
『尾崎忠征日記』一（叢書）
『岩倉具視関係文書』三（叢書）
『木戸孝允文書』二（叢書）
『中山忠能履歴資料』八・九（叢書）
『淀稲葉家文書』（叢書）
『徳川慶喜公伝（史料編三）』（叢書）
『大日本古文書　幕末外国関係文書』二〇（東京大学史料編纂所編、東京大学出版会）
『改訂肥後藩国事史料』二・三・五・六・七（侯爵細川家編纂所、国書刊行会）
「毛利家文庫一『雲上』〈天朝御沙汰控〉」（山口県文書館蔵）
「毛利家文庫二九『風説』〈諸家評論〉」（同右）
「毛利家文庫七〇『年度別書翰』」六・一八・三三（同右）
「寺村左膳道成日記（写本）」（佐川町立青山文庫蔵）
「長賊犯禁闕京阪報知　全」（高知県立図書館蔵）
立教大学日本史研究室編『大久保利通関係文書』三・五（吉川弘文館）
勝部真長他編「海舟日記」一（『勝海舟全集』一八、勁草書房）
本多修理『越前藩幕末維新公用日記』（福井県郷土誌懇談会）

『西郷隆盛全集』二（大和書房）
『鹿児島県史料　忠義公史料』四（鹿児島県維新史料編纂所）
宮地佐一郎編『坂本龍馬全集』（光風社出版）
同編『中岡慎太郎全集』（勁草書房）
家近良樹編『稽徴録―京都守護職時代の会津藩史料』（思文閣出版）
『幕末会津藩往復文書』上・下（「会津若松市史・史料編Ⅰ・Ⅱ」）

講談社学術文庫版「あとがき」

このたび講談社学術文庫に収録されることになった著作『孝明天皇と「一会桑」』を、文春新書の一冊として刊行したのは、今を去ること十二年前の平成十四年（二〇〇二）のことであった。サブ・タイトルに「幕末・維新の新視点」と銘を打ったことでも明らかなように、私としては、歴史好きの誰もが「共通知」として持っているであろう、幕末維新史に関する常識を、なんとか打ち破りたいと願って書いた。

じつは、これより前、私への執筆依頼の段階で、編集担当の浅見雅男さんから、半ば冗談まじりに、名著と呼ばれるに相応しいものを書いて欲しいと告げられた。正直にいって、私はとまどいを隠せなかった。自分に、それだけの実力が無いことは、百も承知していたからである。ただ、ほんの少し時日が経過してから、この申し出は、要するに売れ行きは期待していないから、安心して内容が充実したものを書けということだろうと受けとめて執筆に励んだ。

心がけたのは、もったいぶらず、極力、平易な文章で、解りやすく内容を読者に伝えることであった。そして、これには私の中学・高校での教員経験が大いに与ったと思う。すなわち、進学校の高校上級生程度でも、なんとか理解しうるレベルの文章と内容にしようと思った。

　ところで、本書の内容と、それを思いつくに至った経緯に関しては、このすぐあと、ごく簡単にふれるが、その前に記しておきたいのは、新書のもつ影響力の大きさについてである。私にとって、一般書としては二冊目となった本書は、思いがけず大きな反響を得た。私は自著の評判を探るタイプではまったく無いが、それでも、あちらこちらから、この著作に関する感想が聞こえてきた。これは私にとって驚きの体験であった。と同時に、新書クラスの一般書が持つ影響力に空恐ろしさを感じ、逆にその後の執筆活動において慎重となった。

　さて、本書の内容と、それを思いつくに至った背景であるが、これは若き日の自分の置かれた境遇にそもそもは発している。二十代から三十代初め頃にかけて、明治前期の政治史にまつわる諸問題に取り組んだ私は、次第に行き詰まりを覚えるようになった。そして、当該期のことを理解するためには前段階のことも知らねばならないと考えて、とりあえず幕末史に向かうことにした。だが、当時、ちゃんとした研究組織に属せず、いわば浪人の身であった私は、史料を広く探訪する環境に恵まれなかった。そこで、いきおい手許（自宅）にある刊本を丁寧に読み解く作業を続けることになった。

そうした中、ゆっくりとだが、浮かび上がってきたのが、会津藩の幕末政治史上に占める存在の大きさであった。それまで私の中にあったのは、会津戦争で官軍の前に追いつめられ破滅した敗者としての会津藩であった。しかし、各種の刊本を読み進めるうちに、私が次第に理解できるようになったのは、勝者であり、かつ幕末政治史の飛び切りの主役であった同藩の姿であった。

つまり、私は会津藩を研究対象として初めから選択したわけではなかった。目的も定めず、いわば「行き当たりばったり」に、幅広く史料群に目を通す中で、偶然、会津藩と出会ったのである。以後、本書の核となる一会桑三者への注目が自分の中で生まれ、ひいては、この三者と結託した朝廷内の寡頭専制支配者である、関白の二条斉敬や中川宮（のちの朝彦親王）らへの興味が涌くことになった。そして、最終的に、これらの政治勢力と深く結びつき、反幕派と鋭く対立することになった孝明天皇その人の動向の分析に向かうことになった。

こうした視点を、ようやくにして確立した私が、一般読者に対し、幕末史を孝明天皇や一会桑三者らの動向を軸にすえて振り返れば、どういうことが言えるかを提示した（換言すれば、幕府政治がなぜ終わりを告げたのかを問題とした）のが本書に他ならない。そして、前述したように、本書の登場が新鮮な印象を世間に与え、多少のインパクトをおよぼし得たのは、ひとえに、このような視点に立つ研究（著作）がそれまで無かったことに因ろう。

より具体的に記せば、本書の記述中、もっとも強い印象を読者に与えたのは、従来、幕末史は薩長両藩による武力倒幕の過程だと受けとられていたのが、そうではなかったのではという問題提起であろう。すなわち、私は、本書で薩長両藩ですら軍事力を行使して幕府本体への攻撃を藩の方針として決定した史実は無かったと指摘した。ついで、対幕強硬派内の一部政治勢力が想定したのは、幕府本体への攻撃ではなく、一会桑勢力の打倒と長州藩復権の実現であったことなどを主張した。

このような私の主張（自説）がすべて正しいとまでは強弁しないが、少なくとも幕末史に関心のある識者には面白く受けとめてもらえたようである。ほんの一例を挙げれば、当時東京大学の教授であった山内昌之氏は、平成十八年（二〇〇六）に刊行された作家中村彰彦氏との対談（『黒船以降――政治家と官僚の条件』中央公論新社）で、以下のような発言をしている。「家近氏は、文久の政変、禁門の変、第一次征長戦争、と続く一連の抗争は、『長州と一会桑』、とくに『長州と会津』の『私戦』であるという捉え方を強調しています。長州の敵は幕府でなく、会津だったというわけです。これはこれで、説得力のある見方だと私には思えます」。

なお、この対談集では一会桑について一章が割かれ、その冒頭部分で次のような会話が両氏によって交わされた。いささか長くなるが、抜粋部分を、やはり左に掲げることにしたい。

（中村）いわば、長州、後に薩摩も加わった反幕府勢力は、幕府を倒すべく動いていたのではなく、この京都に居座る佐幕派勢力たる「一会桑」を敵としていたのではないか、という新しい視点を提示したのが、家近良樹さんが二〇〇二年に出された『孝明天皇と「一会桑」――幕末・維新の新視点』（文春新書）です。……

（山内）そうですね。私は、「一会桑」という補助線を引くことで、幕末の複雑な政情でいくつかのテーマがくっきり浮かび上がってくると思います。……私は長らく、薩長がどの時点から幕府打倒を掲げたのかを不思議に思っていました。ペリー来航以後の未曾有の騒乱のなかで、最初から倒幕という意志をもっていたのか否かについて、疑問をもっていました。「一会桑」という概念を導入すれば、長州や薩摩のターゲットは当初は幕府本体ではなく、京都の佐幕派勢力とくに会津藩であったことが明確になる。さらに、戊辰戦争の後、なぜ会津だけが過酷な制裁を受けたのかも明らかになるわけです。どう考えても、強大な幕藩体制の中心に聳《そび》える幕府の武力倒幕を薩摩や長州が最初から考えていたというのは、非常に無理がある。そうではなく、一橋家・会津藩・桑名藩の勢力を京都から排除し、みずからのヘゲモニーで新たな権力をつくろうとしたというほうが、はるかに合理的かつ現実的な理解というものでしょう。

……

いささか手前味噌気味の抜粋となったが、本書の登場がどのように受けとめられたかが判るので紹介した。そして、こうしたことを受けて、やはり同年（二〇〇六年）に出版された学術書で、「近年、幕末政治史はめざましい進歩をとげている」との指摘がなされるに至る（磯田道史「幕末武士の家計と債務――鳥取藩士の分析」〈落合恵美子編著『徳川日本のライフコース――歴史人口学との対話』ミネルヴァ書房〉）。

さて、本書の意義については、これ位にして、次に学術文庫本への転載に関連して若干補足（釈明）しておきたいことがある。私は、拙著の転載において、当初はまったく修正を加えるつもりはなかった。せいぜい語句の修正にとどめるつもりであった。しかし、本当に久しぶりに旧著を読み返すと、たんなる語句の修正のみでは許されない部分があることに気づかされた。旧著刊行後の十二年の間に、明らかに間違いだと判明した箇所が、いくつか含まれているからである。また、本学術文庫版を手に取ることで、初めて幕末維新史全体について考えることになる読者もいるかと思われるので、こうした間違った箇所に関しては、多くはないが、内容上の訂正をおこなった。

ただ、訂正ではなく、加筆して説明することが望ましい箇所もあったが、これは断念した。すなわち、文春新書版を上梓してから考えを深めた点に関しては、いっさい加筆を断念した。例えば、文春新書を出版した時点で、私には孝明天皇の前半生に対する知識を欠くかたちで執筆したとの反省が強く残った。そのため、この後、孝明天皇の前半生について勉強し、その成果を『幕末の朝廷――若き孝明帝と鷹司関白』（中央公論新社〔中公叢書〕、二〇〇七年）というかたちで、世に問うた。

また徳川（一橋）慶喜の動向や薩長盟約（同盟）の本質等についての理解も、文春新書を出した時点では、まったくもって不十分なレベルにとどまっていた。そして、この方面に関しても、その後、やはり少しは勉強して、それぞれ、『幕末維新の個性1　徳川慶喜』（吉川弘文館、二〇〇四年）、『西郷隆盛と幕末維新の政局――体調不良問題から見た薩長同盟・征韓論政変』（ミネルヴァ書房、二〇一一年）、『徳川慶喜（人物叢書　新装版）』（吉川弘文館、二〇一四年）として出版した。

したがって、はなはだ厚かましい御願いではあるが、この学術文庫版を読んで幕末維新史に興味をもたれた読者がいれば、こうした近年に上梓した諸々の拙著を併せて読んでいただければ、私にとって望外の幸せである。以上、補足（釈明）かたがた申し添えておきたい。

二〇一四年一月吉日

家近良樹

〔付記〕

本書の出版にあたっては、担当者であった所澤淳さんには本当に助けられた。最近、私は著者と編集者はコラボ関係にあると思わされることが多い。今回も、図らずもそうなった。所澤さんには私の思い違いからくる重大なミスを幾つか指摘してもらった。このことに深く感謝したい。

KODANSHA

本書の原本は、二〇〇二年に文藝春秋より『孝明天皇と「一会桑」――幕末・維新の新視点』として刊行されました。